# NORWEGEN

# NORWEGEN

NATUR, KULTUR & LEBENSART

DUMONT

52

DREI SCHWERTER erinnern an die Schlacht im Hafrsfjord, die über die Einigung Norwegens entschied

104

ZWISCHEN LAND UND MEER – der Küstenregion um Brønnøysund sind zahlreiche Inseln vorgelagert

# ZWISCHEN FJELL UND FJORD

›FRILUFSLIV‹ IST DAS NORWEGISCHE WORT für jede Art von Freiluftaktivität. Davon gibt es zu allen Jahreszeiten wahrlich genug. Die überwiegend sportbegeisterten Norweger machen es vor. Im langen, schneereichen Winter sind sie auf den Loipen und Pisten in ihrem Element. Nicht umsonst behaupten sie, schon mit Skiern an den Füßen geboren worden zu sein. Im Sommer stehen dann Wandern, Angeln und der Törn mit dem eigenen Boot hoch im Kurs. Auch ein paar faule Tage sind erlaubt, dann aber bitte in der eigenen Hütte im Gebirge oder auch an einem friedlichen See mitten im Wald.
Die meisten Urlauber machen es wie die Norweger. Sie lassen sich von den baumlosen Hochebenen, den Fjells, den wilden Fjorden, den ungebändigten Flüssen, klaren Seen und tiefen Wäldern verzaubern. Es ist die grandiose, oft noch unberührte Natur, die im Gedächtnis bleibt und zum Wiederkommen animiert. Jenseits des Polarkreises streift das sanfte Licht der Mitternachtssonne dann die Berge der Lofoten, die sich mal dunkel drohend, dann wieder mit sanftem Grün überzogen aus dem Meer erheben. Auch am Nordkap sorgt die Mitternachtssonne im Sommer für traumhafte Lichtstimmungen. Bei so viel Natur vergisst man leicht, dass es auch ein urbanes Norwegen gibt – in Oslo, Bergen, Trondheim oder Stavanger.

DER HERBST KOMMT FRÜH im Gebirge, meist schon im September. Wenn wie hier im Rondane-Gebirge die Beeren auf dem weißen Teppich der Rentierflechte reifen, beginnt auch die Vegetation schon bald in kräftigen Farben zu leuchten.

## FILIGRANES KUNSTWERK

Die Stabkirche von Gol im Norwegischen Volksmuseum besitzt drei Portale. Das mit Schnitzereien verzierte Südportal ist eine Kopie neueren Datums, denn das Original war stark zerfallen. Aber gleichwohl vermittelt es einen Eindruck von der hohen Qualität der mittelalterlichen Schnitzkunst.

# EISIGES LABYRINTH

Durch Schmelzwasser und die ständige Bewegung der Gletscher reißt die Oberfläche der Gletscher auf. Dadurch bilden sich im Eis fantastisch geformte Löcher und tiefe Spalten, die im Sonnenlicht in allen Blautönen schimmern.

## DIE FINGER DES MEERES

Fjorde sind ein wesentliches Charakteristikum der norwegischen Küstenlandschaft. Einer der meistbesuchten, der Geirangerfjord, bahnt sich in mehreren sanften Kurven seinen Weg ins Landesinnere. Dutzende Kreuzfahrtschiffe und auch die Hurtigrute fahren bis zu dem kleinen Ort Geiranger an seinem Ende.

## STARKE MÄNNER

Das Vigeland-Museum in Oslo ist dem bekannten norwegischen Bildhauer gewidmet. Modelle, wie hier der Kreis der Brunnenträger, berichten anschaulich von der Arbeitsweise des Künstlers und belegen seinen Hang zur Monumentalität.

# MAGISCHES LICHT

Die Nordkaphalle beherbergt Souvenirgeschäfte, Café und Restaurant, ein Sonderpostamt, ein Kino, einen thailändischen Tempel und die zum Teil in den Fels gehauene St.-Johannes-Kapelle, die nördlichste ökumenische Kapelle der Welt.

# OSLO

Eingebettet zwischen Wasser und Wald liegt die Hauptstadt Oslo. Kein Wunder, dass es die Osloer am Wochenende in Scharen in die Wälder und aufs Wasser zieht – zum Wandern, Radfahren oder Baden. Darüber hinaus hat die Stadt in den letzten Jahren einen bemerkenswerten Wandel durchgemacht, vom etwas biederen Langweiler am nördlichen Rand Europas zur charmanten, lebendigen Metropole, in der während der hellen Sommernächte die Lebensfreude regiert.

EIN GANZ NEUER STADTTEIL für Vergnügen und Freizeit soll rund um das neue Osloer Opernhaus entstehen. Doch schon heute bieten sich bei Tag und Nacht lohnende Ausblicke auf die norwegische Hauptstadt.

DEN NAMEN AKER BRYGGE trägt auch das große Einkaufszentrum direkt am Hafen. An der Stelle des modernen Gebäudes stand früher die Werft von Oslo.

# URBANITÄT UND IDYLLE

Mit Panoramablick aufs Wasser: Schöner kann eine Stadt kaum liegen! Das Zentrum schmiegt sich um den hufeisenförmigen Fjord, die Außenbezirke ziehen sich die Berghänge hinauf und verlaufen sich schließlich im Grün der Wälder. Schon von Weitem sind die Wahrzeichen der Stadt auszumachen: direkt am Fjord die abweisenden Mauern der Festung Akershus und das Rathaus mit seinen beiden kantigen Türmen. Bis heute haben die Osloer ein eher zwiespältiges Verhältnis zu ihrem Wahrzeichen. Einhellige Begeisterung ruft dagegen das neue Opernhaus hervor, das ebenfalls direkt am Fjord liegt und wegen seiner Fassade aus Glas und aus weißem Marmor an einen Eisberg denken lässt.

ALTE WERFT IN NEUEM KLEID Neueste Vergnügungsmeile der Hauptstadt und einer der beliebtesten Treffpunkte für Touristen und Einheimische gleichermaßen ist Aker Brygge. Hier schlägt der Puls des jungen Oslo – mit edlen Geschäften und Boutiquen, gemütlichen oder trendigen Restaurants, Kinos und Theater. Dabei stand hier noch vor gut 20 Jahren eine der größten norwegischen Schiffswerften. Als Akers Mekaniske Verksted schließen musste, wurde ein Architekturwettbewerb ausgeschrieben. Und in knapp zehn Jahren entstand auf dem alten Industrieboden ein komplett neuer Stadtteil, der mit seiner Mischung aus alten Backsteinbauten und moderner Glas- und Stahlarchitektur beeindruckt. Die Osloer, vor allem die Jüngeren, haben diese Alternative zur Karl Johan begeistert angenommen.

DIE FLANIERMEILE MIT TRADITION Doch kampflos gibt sich die gute alte Karl Johan nicht geschlagen. Schon vor gut 100 Jahren galt sie als Treffpunkt von Künstlern und der Boheme. Schnurgerade zieht sie sich vom

INMITTEN EINES KLEINEN PARKS liegt das neoromanische Parlamentsgebäude von 1866, das Storting. Anders als bei uns sitzen die 169 Abgeordneten nicht nach Fraktionen, sondern nach Heimatprovinzen verteilt im Plenarsaal.

modernen Hauptbahnhof zum Königlichen Schloss, anfangs als Fußgängerzone und flankiert von wenig beeindruckenden Kaufhäusern und Billigläden. Es folgen die Basarhallen, die Domkirche und schließlich das Storting mit den Löwenfiguren, die beide Auffahrten bewachen. Seit 1866 trifft hier das Parlament seine Entscheidungen. Ab dem Storting protzt die Karl Johan dann mit geschichtsträchtigen Bauwerken bis hin zum Schloss, das der norwegisch-schwedische König Karl Johan 1848 errichten ließ. Am 17. Mai finden hier die Paraden zum Nationalfeiertag statt – der unbestrittene Höhepunkt im Festkalender der Stadt. Wer gut zu Fuß ist, schlendert durch den Schlosspark weiter zum Frognerpark. Für die Osloer ist die Parkanlage ein beliebter Ort zum Joggen, Spazierengehen oder Picknicken, Besucher zieht es eher zu den rund 200 zum Teil monumentalen Skulpturen von Gustav Vigeland.

WIKINGER UND POLARFORSCHER Im Sommer pendelt die kleine Fähre den ganzen Tag zwischen dem Pipervika-Kai in der Nähe des Rathauses und der Halbinsel Bygdøy hin und her. Die Osloer lieben die grüne Oase, die wegen der schönen Strände am Fjord und der vielen prächtigen Holzvillen zu den exklusiven Wohnlagen der Stadt gehört. Doch die meisten Besucher kommen wegen der vielen sehenswerten Museen nach Bygdøy, die einen Einblick in die wichtigen Kapitel der norwegischen Geschichte geben.

In der Wikingerschiffhalle dreht sich alles um die wilden Rotbärte, die mit ihren schnellen Schiffen einst Angst und Schrecken verbreitend die Welt durchstreiften. Die nächsten Kapitel werden im Volksmuseum aufgeschlagen, in dem mehr als 100 historische Gebäude zu sehen sind. Die Stabkirche von Gol, im 12. Jahrhundert errichtet, wurde hier originalgetreu wieder aufgebaut.

HAUPTSTADT MIT HINTERLAND Von drei Seiten her ist Oslo von ausgedehnten, sich als samtiger Teppich über Hügel erstreckenden Wäldern umgeben, in die immer wieder kleine Seen eingesprenkelt sind – einzig der Oslofjord im Süden ermöglicht den Blick hinaus aufs offene Meer. Die Wälder der Oslomark bilden ein Naherholungsgebiet mit zahlreichen Möglichkeiten, ein Angebot, das die sportbegeisterten Osloer sowohl im Sommer als auch im Winter ausgiebig nutzen. An den Wochenenden, wenn alle hinaus ins Grüne strömen, sind die Vorortzüge deshalb oft brechend voll. Doch weit muss man nicht fahren, denn schon unmittelbar hinter den letzten Häusern beginnen die Wälder des Hinterlands. Nicht einmal eine Stunde braucht die Bahn, um nach Holmenkollen, Frognerseteren oder Sognsvann zu tuckern, wo unzählige Wanderwege durch die Wälder der Oslomark beginnen und Erholungsbedürftige selbst an den sonnigsten Wochenenden schon nach kurzer Zeit mutterseelenallein unterwegs sind.

WER MIT DER FÄHRE ANREIST, kommt kurz vor dem Einlaufen in den Hafen dicht an einer winzigen Insel vorbei. Dyna Fyr ist ein ehemaliger Leuchtturm im Oslofjord. Heute befindet sich in dem Holzhaus ein exklusives Restaurant.

## BUNTE VIELFALT

Das Kunstindustriemuseum ist Teil des Nationalmuseums für Kunst, Architektur und Design. Es zeigt norwegisches und ausländisches Kunsthandwerk, Möbel, Mode und Design aus mehreren Jahrhunderten, hier in der Sonderausstellung ›Minimalism versus Maximalism‹.

MAKSIMALISME

RECHTS | DAS EINZIGARTIGE OPERNHAUS direkt am Oslofjord wurde vom renommierten Architekturbüro Snøhetta entworfen und 2008 eingeweiht. Der obere Teil seiner Fassade aus Glas und Marmor ragt aus dem Bodenniveau wie die Spitze eines Eisbergs – Ähnlichkeiten sind natürlich rein zufällig. OBEN | AUCH IM INNEREN kann der lichtdurchflutete 400-Millionen-Bau architektonisch überzeugen, doch was für den Kunstgenuss noch viel wichtiger ist, auch Akustik und Bühnentechnik sind vom Feinsten.

OBEN | DIE SCHIFFE, die im Wikingerschiffmuseum auf der Museumsinsel Bygdøy ausgestellt sind, stammen aus dem 9. Jahrhundert und dienten einst Wikingerhäuptlingen als Grabstätten. LINKS | DAS WERK »METABOLISMUS«, zunächst »Adam und Eva« genannt, zahlreiche Gemälde, Grafiken, Zeichnungen und Aquarelle des bedeutendsten norwegischen Malers Edvard Munch kann man im Munch-Museum bewundern.

LOGIS MIT STIL: Der über 100 Jahre alte Holzpalast ist mit aufwendigen Schnitzereien verziert und erinnert in seiner Bauweise an eine Stabkirche. Einst als Sanatorium hoch über der Stadt erbaut, beherbergt er heute das Holmenkollen Park Hotel.

GESCHICHTE ZUM ANFASSEN bietet das norwegische Volksmuseum: Mehrere Jahrhunderte alte Gehöfte aus verschiedenen Landesteilen, Speicher, die Stabkirche von Gol und sogar eine Osloer Häuserzeile haben hier eine neue Heimat gefunden.

1962
1985
1947

## MULTIMEDIAL

Eine digitale Galerie im Nobels Fredssenter informiert über sämtliche Friedensnobelpreisträger. Im magischen Buch wird der in Stockholm geborene Alfred Nobel gewürdigt.

# VIGELANDS FANTASIEN

IN EINEM WAHREN SCHAFFENSRAUSCH arbeitete Gustav Vigeland von 1928 bis 1942 an dem monumentalen Kunstwerk: Der 17 Meter hohe Monolith besteht aus 121 ineinander verschlungenen Menschenleibern. Unten die Brunnengruppe im selben Park.

EINES DER BELIEBTESTEN Naherholungsgebiete der Osloer ist der weitläufige Frognerpark. Einen Teil des Parks bildet die Vigelandanlage, das Vermächtnis des Bildhauers Gustav Vigeland (1869–1943). In einer jahrelangen Anstrengung schuf er Hunderte von teils eigenwilligen Figuren, oft sind es überlebensgroße, nackte Menschen, die die verschiedenen Lebensphasen symbolisieren. Vom Haupteingang kommt man als Erstes zur Vigeland-Brücke, die von rund 60 Bronzeskulpturen eingerahmt wird. Am bekanntesten ist der kleine Trotzkopf, der seinen Unmut sehr anschaulich kundtut. Auch die folgende Brunnengruppe zeigt die verschiedenen Stadien des Lebens von der Geburt bis zum Tod. Das Zentrum des Brunnens bildet ein Kreis starker Männer, die schwer an einer riesigen Wasserschale tragen. Das Vigeland-Museum am Rande des Parks verwaltet den Nachlass des Künstlers.

kapell bygget 1903
Min

## NEU UND DOCH ALT

Der Eindruck täuscht, denn die Holmenkollen-Kapelle ist ein Gebäude aus dem Jahr 1996. Vier Jahre zuvor war der 100 Jahre alte Vorgängerbau einer Brandstiftung durch Satanisten zum Opfer gefallen.

IN DER KLEINSTEN HÜTTE ist noch Platz. Mit dem Boot sind es oft nur wenige Minuten bis zu einem wunderschönen, einsamen Plätzchen am Fjordufer. Wenn die Sonne im Sommer bis in die Nacht scheint, vertreibt man sich die Zeit mit einer Flasche Wein, bis das Fleisch gegrillt ist.

AN DEN UFERN und auf den Inseln des Oslofjordes findet man die schönsten Sommerhäuschen. Die Wasserstraße, an deren nördlichem Ende die norwegische Hauptstadt liegt, ist eine der wichtigsten Lebensadern der Stadt, aber auch eines der beliebtesten Naherholungsgebiete.

# SÜDKÜSTE

Sommer, Sonne, Strand – Zauberworte, denen kein Norweger widerstehen kann. Dann zieht es sie in die weißen Städte an der Südküste, die sich wie die Perlen einer Kette aneinanderreihen. Verschlafen und gemütlich in der Vor- und Nebensaison werden sie während der Sommerferien zu heiß begehrten Urlaubsorten. Mittendrin liegen zwei Städte ohne Urlaubsambitionen: Kristiansand, das Tor nach Norwegen, und Stavanger, die Ölboomtown des Landes.

DER SÜDLICHSTE PUNKT Norwegens, Kap Lindesnes, schmückt sich mit einem kleinen Leuchtturm. Von ihm schweift der Blick über das Meer und die karge Schärenlandschaft. Besonders in der Abendsonne hat der Platz etwas Magisches.

ENTLANG DER SONNENVERWÖHNTEN SÜDKÜSTE findet jeder seinen Traumplatz für ein erfrischendes Bad im Meer, wie hier in den Schären bei Risør.

# DER SONNIGE SÜDEN DES NORDENS

Nur wer sich schon mal durch einen langen, dunklen und kalten Winter im Norden gekämpft hat, kann verstehen, warum sich die Nordländer so sehr nach Licht und Wärme sehnen. Eine Sehnsucht, die sich am besten an der Südküste erfüllen lässt. Mag der Vergleich mit der Italienischen Riviera auch etwas gewagt sein – ein Badeparadies ist sie auf alle Fälle dank ihrer vielen Sandstrände und Schären. Für die einen ist die winzige Badebucht der Traum vom Sommer, für die anderen ist es der weite Sandstrand mit Blick in die Ferne. Glücklich, wer ein Boot besitzt, denn dem steht das Schärenlabyrinth aus Wasser und Land offen.

AUF SPURENSUCHE Bereits Ende des 19. Jahrhunderts fuhren regelmäßig Dampfer von Oslo nach Åsgårdstrand. Viele Besucher schwärmten von dem wunderbaren Licht, das zum Malen animiert – was mit dazu beitrug, dass sich hier schon früh ein Künstlertreff etablierte. Die Kulisse könnte auch heute nicht schöner sein, das Ensemble der weiß gestrichenen Holzhäuser, hinter deren Zäunen die Blumen südländisch üppig blühen, ist ein Bild von einem Südküstenstädtchen. Dabei ist Åsgårdstrand selbst im Sommer ein gemütlicher, fast verschlafener Ort abseits des Massentourismus, der Ruhe und Gelassenheit verströmt.

Sein berühmtester Gast war Edvard Munch, der hier viele Sommer verbrachte und einige seiner bekanntesten Werke wie »Der Tod der Mutter« oder »Melancholie« malte. Seine kleine Fischerhütte im Ort nannte er sein »Glückshaus«. Heute ist in dem kleinen gelben Holzhaus oberhalb vom Strand ein Munch-Museum untergebracht. Das Innere ist noch genau so ärmlich möbliert wie zu seinen Lebzeiten, kaum mehr als ein Tisch, ein Bett und ein Wandschrank mit allerlei Medizinfläschchen befinden sich in dem

Haus. Wer in Åsgårdstrand auf Spurensuche geht, findet vielleicht noch die Stelle, an der Munch 1902 das Bild »Straße in Åsgårdstrand« malte. Auch »Die Mädchen auf der Brücke« entstand hier. Zwar ist die lange Holzbrücke, an der die Dampfschiffe anlegten, längst verschwunden, doch mit etwas Fantasie ist noch die Stelle zu erkennen, an der die drei kleinen Mädchen ihm Modell gestanden haben ...

DIE WEISSEN PERLEN In den Tälern im Landesinnern war das Leben oft von Armut geprägt, das harte Klima und die kargen Böden ließen den Bauern kaum eine Chance. Die Menschen an der Küste dagegen machten im 19. Jahrhundert mit Bootsbau und Holzhandel kleine Vermögen. Billiges Ochsenblutrot und Ockergelb waren zu dieser Zeit die dominierenden Hausfarben. Ein weißes Haus signalisierte schon aus der Ferne Wohlstand. Der ist den Küstenstädten noch heute anzusehen, denn viele der prächtigen Holzhäuser aus dieser Zeit sind erhalten geblieben. Als ›Perlen der Südküste‹ bezeichnen sich Kragerø, Risør, Tvedestrand, Arendal, Grimstad und Lillesand, und als wäre das nicht schon genug, legte sich mancher Ort noch ein Attribut wie ›Venedig des Nordens‹ zu.

REIF FÜR DIE INSEL Obwohl die Insel nur einen Katzensprung vom Festland entfernt ist, gibt es keine Brücken, und so ist das Wassertaxi immer noch die einzige

SO SCHMECKT DER SOMMER: Die wichtigsten Zutaten sind ein kleines rotes Sommerhäuschen, das sich irgendwo im Gewirr der Schären versteckt, und ein eigenes Boot, das grenzenlose Freiheiten und Anglerglück verspricht.

FAST JEDES SÜDKÜSTENSTÄDTCHEN schmückt sich mit klangvollen Attributen, Tvedestrand ist ›Sørlands lächelndes Grübchen‹. In dem Bücherdorf gibt es rund zwei Dutzend Antiquariate, in denen so manche Rarität schlummert.

Verbindung zu der kleinen Insel vor der Südküste bei Risør. Mehrmals täglich legt es bei der »Blauen Laterne«, dem Dreh- und Angelpunkt von Lyngør, an. Ein kleines Museum erinnert an die Zeiten, als vor Lyngør noch Großsegler aus aller Welt auf Reede lagen. Damals ging es den Menschen gut, und die Insel erlebte einen regelrechten Bauboom – doch das ist Vergangenheit. Immer mehr Bewohner mussten auf der Suche nach Arbeit aufs Festland ziehen, und nur einige blieben und konnten um ihr Inselidyll kämpfen. Heute hat die Insel wieder rund 100 ständige Bewohner, die dank Schule, Lebensmittelladen, Post und Bootsverbindung zum Festland optimistisch in die Zukunft blicken.

DIE ÖLBOOMTOWN Stavanger ist eine Stadt der Kontraste. Gamle Stavanger, einst Keimzelle der Stadt beim Hafenbecken, scheint mit ihren kleinen, weißen Holzhäusern ein bewohntes Freilichtmuseum zu sein. Doch nur wenige Schritte weiter ernüchtern Betonbauten aus den 1960er- und 1970er-Jahren. So wirkt die Stadt wie ein Sammelsurium aller möglichen Baustile ohne architektonisches Gesamtkonzept. Vielleicht ist Stavanger einfach nur zu schnell gewachsen, denn mit den Ölfunden vor der Küste entwickelte sich der Fischerort rasant. Heute platzt die Stadt aus allen Nähten, hat sich aber zumindest im Zentrum noch etwas Flair bewahrt, in dem man von der Hektik des internationalen Ölgeschäfts kaum etwas mitbekommt.

# IM SCHÄRENGARTEN

Schon der Maler Edvard Munch und der Märchenzeichner Theodor Kittelsen hatten sich in die Schärenküste von Kragerø mit ihren verschlungenen Wasserwegen und weißen Südküstenhäuschen verliebt.

NEIN, DAS IST KEINE BOHRINSEL, aber ein Gebäude, das mit Öl zu tun hat: das norwegische Ölmuseum im Hafen von Stavanger steht wie eine Ölplattform auf Stützen im Wasser.

NUR NOCH EIN MUSEUMSSTÜCK: Ein Bein der Bohrinsel Alexander Kielland brach am 27. März 1990 und riss 123 Mann in den Tod. Ursache waren fehlerhafte Schweißnähte.

# ÖL UND GELD IM ÜBERFLUSS

SEIT IN DEN 1970ER-JAHREN vor der Küste Norwegens riesige Ölvorkommen entdeckt wurden, erlebte Stavanger einen beispiellosen Bauboom. Keine andere norwegische Stadt wuchs so schnell wie Stavanger. Viele der internationalen Ölgesellschaften haben hier ihren Sitz. Auch die Versorgung der Bohrinseln wird von hier koordiniert. Einen sehr anschaulichen Einblick in die Entstehung und Förderung von Erdöl bietet das 1999 eröffnete norwegische Ölmuseum, das einer Ölplattform nachempfunden ist. Warum gibt es eigentlich Öl und Gas in der Nordsee? Welche Technologien sind notwendig, um die Vorkommen auszubeuten? Was bedeutet es, auf einer Plattform in der Nordsee zu leben und zu arbeiten? Die Antworten auf diese und viele andere Fragen liefert das Museum mit interessanten audiovisuellen Darstellungen, authentischen Objekten und interaktiven Stationen.

IN DER NORDSEE gibt es mittlerweile Dutzende von Ölplattformen, die teilweise – wie hier im Modell des norwegischen Ölmuseums zu sehen – fast die Höhe des Pariser Eiffelturms erreichen.

HELGE R. MYHRE
ELAN 333

## ANGELEGT

Mit seinen alten Holzhäusern bietet Vågen, der Gästehafen von Stavanger, eine malerische Kulisse. Ob zum Lunch oder Dinner, hier speist man immer mit Aussicht.

OBEN | OBERHALB DES GÄSTEHAFENS von Stavanger steht der Dom St. Svithun. 1125 erbaut, brannte er bereits im Jahr 1272 ab. Bei seinem Wiederaufbau um 1300 wurde der Chor im gotischen Stil gestaltet. UNTEN | DIE HÄUSER VON ALT-STAVANGER erstrahlen mittlerweile alle wieder in frischem Weiß und zählen zu den besten Wohnlagen der Stadt. LINKS | DREI ÜBERDIMENSIONALE SCHWERTER wurden am Hafrsfjord in den Fels gerammt. Sie sollen an die Reichseinigung unter König Harald Hårfagre nach der Schlacht am Hafrsfjord im Jahr 872 erinnern.

AUF ›KLEINE‹ BESUCHER ist das Norwegische Kindermuseum eingestellt. Mithilfe von Ausstellungen, aber auch Aktivitäten lernen die Kleinen auf kurzweilige Art dieses moderne Museum kennen. Angefangen hat alles 2001 mit der umfangreichen Spielesammlung von Per Inge Torkelsen.

SEIT DEM JAHR 1987 dient das Kulturhaus von Stavanger in Sølvberget als kulturelles Zentrum für die gesamte Region. Der Komplex umfasst rund 15 000 Quadratmeter und besteht aus dem Norwegischen Kindermuseum, dem modern eingerichteten Kulturcafé und einem Kino.

# WESTNORWEGEN

Unendlich scheint die Zahl der Buchten, Inseln, Schären und Fjorde, aus denen die norwegische Küste gebildet wird – von der Hauptstadt Oslo im Süden bis hinauf in den hohen Norden an der russischen Grenze. Doch nirgendwo sind die Fjorde beeindruckender als in Westnorwegen, dem klassischen Fjordland. Hier haben die Gletscher der letzten Eiszeit eine grandiose Landschaft geschaffen, in der die Menschen nur eine Nebenrolle spielen. Städtisches Ambiente kann man in Bergen, einst Hauptstadt, heute zweitgrößte Stadt des Landes, und in Ålesund, der schönsten Jugendstilstadt Norwegens, tanken.

BEKANNT IST WESTNORWEGEN für die längsten Fjorde, doch auch Seen wie der Haukelandsvatnet in der Nähe von Bergen haben ihren Reiz. An seinem Ufer gibt es einen Campingplatz mit Badestelle.

EIN SCHÖNER AUSBLICK auf den Geirangerfjord bietet sich vom Blomberg-Bauernhof aus. Am Horizont erhebt sich die Bergformation ›Die Sieben Schwestern‹.

# EWIGES EIS UND FJORDIDYLLE

Rund 200 Kilometer reicht der Hardangerfjord ins Land hinein und verästelt sich dabei zu einem imposanten Labyrinth aus Land und Meer. Noch spektakulärer anzuschauen sind aber oft die kleinen Fjorde, die nur einige 100 Meter breit und von beinahe senkrechten, oft mehr als 1000 Meter hohen Felswänden eingerahmt sind. Blühende Obstplantagen vor der schneebedeckten Hardangervidda, senkrechte Felswände, bunte Fischerdörfer und im Wasser glatt geschliffene Felsbuckel – das Fjordland bietet viel Abwechslung.

EIN BLICK IN DIE TIEFE Ein beeindruckender Meeresarm ist der 40 Kilometer lange, rund 1 Kilometer breite Lysefjord. An seinem nördlichen Ufer befindet sich mit dem Predigtstuhl, dem Preikestolen, eine der meistbesuchten Sehenswürdigkeiten des Landes. Im Sommer machen sich Zehntausende Touristen auf die ca. zweistündige Wanderung zu der spektakulären Felskanzel. So muss man in den Sommerferien damit rechnen, im Gänsemarsch über die Bohlenwege und Felsblöcke zu turnen und nie allein zu sein, ein für Norwegen durchaus ungewohntes Erlebnis. Eigentlich sollte der Predigtstuhl nichts Überraschendes mehr bieten, denn unzählige Male schon hat man das Bild gesehen, auf Kalendern, in Büchern oder in Werbeprospekten. Doch die Realität ist noch beeindruckender, ja atemberaubend. Es ist der weite Blick auf die wilde Bergwelt und die grüne Wasserfläche des Lysefjordes weit unten, auf der die Ausflugsboote wie Modellschiffe wirken. Viele legen die letzten Meter auf dem flachen Fels auf allen vieren oder auf dem Bauch zurück, um das obligatorische Foto zu machen.

EINE STADT ZUM WOHLFÜHLEN »Ich bin aus Bergen!«, verkünden die Bergenser stolz und in der festen Überzeugung, dass

AUF DEM HAUSBERG AKSLA liegt einem die Jugendstilstadt Ålesund zu Füßen, die sich auf mehreren Inseln weit ins Meer schiebt. Am Horizont bilden die Sunnmøre-Alpen ein großartiges Panorama.

sie in der schönsten Stadt Norwegens leben. Vielleicht liegt es an der schillernden Vergangenheit als einst größte Stadt des Landes, Handels- und Hansestadt mit weltweiten Verbindungen, kirchlichem Mittelpunkt Westnorwegens und Zentrum des kulturellen Lebens. Warum ist dann Oslo heute Hauptstadt? Vielleicht hat es nur am Wetter gelegen, bei dem Oslo klar die Nase vorn hat, denn Bergen ist eine Regenstadt, in der man eigentlich nie ohne Schirm vor die Tür gehen sollte. Trotzdem wirken die Bergenser ganz und gar nicht griesgrämig, eher das Gegenteil ist der Fall. Bergen ist eine junge, lebendige Stadt, nicht zuletzt wegen der vielen Studenten, die Straßenbild und Szene prägen. Bergen ist aber auch eine Touristenstadt, die eigentlich das ganze Jahr über Saison hat. Zu sehen gibt es in und um Bergen genug. Dazu zählt natürlich Bryggen, das Holzhausviertel, das noch ein wenig wie zu Zeiten der Hanse aussieht. Außerdem gibt es sehenswerte Museen, zahlreiche enge Gassen mit Holzhäusern und einige Bürgerhäuser jüngeren Datums – allerdings trübt auch so manch einfallsloser Betonbau den positiven Gesamteindruck.

EINFACH IST DIE FRAGE NICHT ZU BEANTWORTEN, wer sich den Titel ›König der Fjorde‹ verdient hat. Ist die Größe das Kriterium, machen Hardanger- und Sognefjord die Sache unter sich aus, aber auch der Geirangerfjord und einige andere sind nicht chancenlos. An seiner Mündung wirkt der mächtige Sognefjord manchmal gar nicht norwegisch, an warmen Sommertagen könnte seine spiegelnde Wasserfläche auch zu einem italienischen See gehören. Doch je weiter man ihm ins Landesinnere folgt, desto typischer wird er, und am Ende seiner feinen Verästelungen entspricht er dann doch dem Idealbild eines Fjordes. Die Menschen an seinen Ufern hatten es nie leicht, denn Fjorde, Fjells und der mächtige Jostedalsbre waren jahrhundertelang nur schwer überwindbare Hindernisse. Auch heute noch ist das Vorwärtskommen in Westnorwegen mühsam, die Straßen schlängeln sich schmal und kurvig an den zigfach gefalteten Fjordufern entlang. Oft muss jeder Meter in den Fels gesprengt werden, und wegen der Tiefe der Fjorde sind auch Brücken selten eine Alternative. So bleiben nur Fähren, um die Straßen zu verbinden.

OBST VOM SONNENFJORD Ende Mai sind die Berge um den Hardangerfjord meist noch schneebedeckt. Doch an den Fjordufern stehen schon 400 000 Obstbäume in voller Blüte, ein Anblick, der so ganz und gar nicht zum Image des kalten Norwegens passt. Besonders am Sørfjord, einem der Nebenarme des Hardangerfjordes, sind die Abhänge voll mit weiß und rosa blühenden Apfel-, Birnen-, Pflaumen- und Kirschbäumen. Ein weiterer Farbtupfer sind die zu dieser Zeit sattgrünen Wiesen, die von

BALESTRAND zog bereits im 19. Jahrhundert Gäste an. Wer es sich leisten konnte, baute sich hier eine Villa wie diese im sogenannten Schweizer Stil, die mit ihrer Holzfassade und ihren Türmchen an ein Schweizer Chalet erinnert.

# STILLE FJORDE UND LAUTE VOGELFELSEN

Blumen übersät sind. Der Obstanbau geht bis ins 13. Jahrhundert zurück, als Zisterziensermönche in ihrem Kloster Obst und Gemüse pflanzten. Nach der Reformation geriet der Obstanbau am sonnigen Sørfjord in Vergessenheit, da die Mönche ihr Kloster aufgeben mussten. Erst im 18. Jahrhundert begannen die Bauern am Hardangerfjord wieder Obstplantagen anzulegen. Im Sommer wird die neue Ernte oft an Straßenständen verkauft.

EIN HAUCH VON NOSTALGIE Kaiser und Könige kommen schon lange nicht mehr, trotzdem ist in dem kleinen Ort Balestrand am Sognefjord noch immer etwas von der Noblesse und Nostalgie des 19. Jahrhunderts zu spüren. Vielleicht liegt es an den mit Schnitzereien verzierten Holzvillen oder an Kvikne's Hotel, einem strahlend weißen Holzbau direkt am Fjordufer. Mit eigenem Strand und Jachthafen ist es auch darauf eingerichtet, die Creme der Gesellschaft zu empfangen. Früher lag der Ort an der innernorwegischen Hauptroute nach Bergen, was einer der Gründe dafür war, dass auch der König von Siam, der Prinz von Ägypten und Kaiser Wilhelm II. zu den hofierten Gästen zählten. Mit dem Ersten Weltkrieg war es mit der Herrlichkeit vorbei, und Balestrand geriet in Vergessenheit. Und so hätten wohl auch heute noch die romantischen Balestrandmaler ihre Freude an dem verträumten Ort am Sognefjord.

EIN BILDERBUCHFJORD Eigentlich hat der kleine Ort Geiranger nichts Besonderes zu bieten. Braucht er auch nicht, allein die Lage am Ende seines Fjordes hat Anziehungskraft genug. Schon als hier die ersten Dampfer anlegten, schwärmten die Besucher des Geirangerfjordes von seinen fast senkrechten Felswänden und von Wasserfällen mit Namen wie ›Brautschleier‹ oder ›Sieben Schwestern‹. An der Schönheit hat sich nichts geändert.

OHRENBETÄUBENDES SPEKTAKEL Was wäre die kleine Insel Runde, gäbe es dort nicht die Vogelfelsen, auf denen jeden Sommer Hunderttausende Seevögel brüten. Von Bord eines kleinen Kutters bietet sich ein guter Blick auf die unteren Etagen der vom Kot weiß gefärbten Steilküste. Für einen Blick in die oberen Stockwerke muss man auf steilen Trampelpfaden das 300 Meter hohe Plateau erklimmen. Ganz oben in der Steilwand brüten die Papageitaucher, die sich mit schnellen Schlägen ihrer kurzen Flügel in die Tiefe stürzen. Zurück und den Schnabel voll kleiner Fische liefern sie, die Schwimmfüße weit vorgestreckt, eine lausige Landung ab.

PAPAGEITAUCHER sind wahrlich keine Flugkünstler. Trotzdem brüten sie oft in Erdhöhlen ganz oben auf den Vogelfelsen und stürzen sich zur Futtersuche immer wieder mutig in die Tiefe. Bei der Rückkehr sind mindestens ein halbes Dutzend kleine Fische im Schnabel.

# VON DER NATUR GEFORMT

An eindrucksvollen Felsformationen ist Norwegen nicht gerade arm, doch längst nicht alle sind so bizarr wie diese in der Provinz Sogn og Fjordane, die an eine Walflosse denken lässt.

LUFTGETROCKNETER KABELJAU, *tørrfisk*, war im Mittelalter eine beliebte Fastenspeise, wurde aber auch als Proviant für lange Schiffsreisen geschätzt. Heute ist er schon längst kein Arme-Leute-Essen mehr und steht auf der Speisekarte von so manchem Gourmet-Restaurant.

NICHT GERADE PREISWERT, aber ganz hervorragend speist man im Enhjørningen Fiskerestaurant in Bergen. Das Haus liegt mitten im alten Hanseviertel Bryggen, seine Geschichte reicht bis in die Hansezeit und zu dem deutschen Kaufmann Herman Skult zurück, der hier lebte.

TYPISCH FÜR DAS VIERTEL Bryggen sind die engen, in matten Erdfarben gehaltenen Holzhäuser. Heute beherbergen sie oft Restaurants, Cafés, Souvenirläden und Künstlerateliers.

DER TÄGLICHE FISCHMARKT ist der wichtigste Umschlagplatz für frischen Fisch und gehört zu den größten Touristenattraktionen Bergens.

DIE STADT BERGEN besitzt nicht nur eines der größten Holzhausviertel Nordeuropas, auch die Steinhäuser können sich sehen lassen.

KEIN WUNDER, dass sich Brände immer wieder ausbreiten konnten: Die Häuser stehen dicht – oft mit kaum einem Meter Abstand.

# NÖRDLICHSTER VORPOSTEN DER HANSE

BERGEN WAR UNGEFÄHR SEIT MITTE DES 14. JAHRHUNDERTS einer der wichtigsten Stützpunkte der Hanse und ein Umschlaghafen für Waren aus aller Welt. Die deutschen Kaufleute lebten in einem eigenen Viertel, in Bryggen. Fast die gesamte Ostseite der Vågen-Bucht war damals mit Hansekontoren bebaut. Zur Blütezeit machten die deutschen Kaufleute und Handwerker rund ein Viertel der Bevölkerung Bergens aus. Hauptsächlich Fisch aus Nordnorwegen und Getreide aus dem Süden wurden hier umgeschlagen. Ein Großfeuer zerstörte 1702 fast alle Häuser, die meist aus Holz gebaut waren. Ein weiterer Brand vernichtete 1955 erneut große Teile von Bryggen. Doch nach beiden Bränden erfolgte der Wiederaufbau schnell und im alten Stil. So bestimmen noch heute viele Kontorhäuser aus Holz das Bild des Viertels, das seit 1979 von der UNESCO als Weltkulturerbe gelistet ist.

IM ALTEN BRYGGEN-KONTOR FINNEGÅRDEN befindet sich das Hanseatische Museum. Es gibt einen guten Einblick in das gar nicht so komfortable Leben der unverheirateten Hansekaufleute im Mittelalter.

## SCHWINDELERREGEND

Zwei Stunden dauert die Wanderung zur Felskanzel Preke-stolen. Dann bietet sich ein einmaliger Blick – 600 Meter in die Tiefe – auf den grün schimmernden Lysefjord.

## EISIGE SCHÖNHEIT

Besonders faszinierend sind die Gletschertore am Ende der eisigen Zungen, denn hier quillt trübes Schmelzwasser unter dem Eis hervor und bildet manchmal sogar einen schäumenden Fluss.

WIE EIN ERSTARRTER WILDWASSERFLUSS wirkt der Briksdalsbre, der vom Gletscherplateau bis ins Tal reicht. Doch seine Eismassen fließen beständig, die Oberfläche reißt auf und es bilden sich tiefe Spalten und meterhohe Türme.

SELBST IN UNMITTELBARER NÄHE des Eises, wie hier im Buartal am Folgefon-Gletscher, blüht im Sommer der Fingerhut.

TIEFE SPALTEN durchziehen die Oberfläche der Gletscher. Grund genug, nur angeseilt zu einem Spaziergang aufzubrechen.

EINE DER SCHÖNSTEN MÖGLICHKEITEN, das winterliche Norwegen zu erleben, ist eine Fahrt mit dem Schlittenhundegespann.

# DYNAMISCHE EISRIESEN

GLETSCHER SIND WUNDERSCHÖN, aber auch unberechenbar. Dies gilt besonders für Norwegens größten, den Jostedalsbre. Seit der letzten Eiszeit ist seine Eiskappe mehrfach gewachsen und wieder geschrumpft, zeitweise war sie wahrscheinlich sogar völlig verschwunden. Von diesen Launen wüssten wir nur wenig, wenn Gletscher bei ihren Kapriolen nicht Schuttwälle, die sogenannten Moränen, aufhäufen würden. Zieht sich das Eis zurück, dann bleiben verräterische Endmoränen, Grundmoränen und Seitenmoränen als Fingerabdrücke zurück. Besonders auffällig sind diese Moränen auf der Fahrt zur Gletscherzunge Nigardsbre. Um 1750 endete das Eis noch fünf Kilometer weiter unten im Jostedal, denn zu dieser Zeit wuchs der Gletscher mit einer erschreckenden Geschwindigkeit. Dann wurde es wärmer und das Eis zog sich wieder zurück, und das erstaunlich schnell – seit dem Jahr 1900 um mehr als drei Kilometer.

DAS SCHMELZWASSER schießt unter dem Nigardsbre, einer der zahlreichen Gletscherzungen des Jostedalsbre, hervor und bildet einen reißenden Fluss, den man nur auf einer Brücke überqueren kann.

DUMONT EXTRA

STABKIRCHEN IM FJORDLAND

# MEISTERWERKE AUS HOLZ

FABELTIERE UND PFLANZEN schmücken das Nordportal der Stabkirche von Urnes. Die Kirche vereint keltische Kunst mit Ornamenten und Symbolen der Wikinger und der Romanik.

ZUM JAHR DES KULTURDENKMALS 2009 wurde in Norwegen eine neue Kulturroute eröffnet. Sie ist rund 160 Kilometer lang und führt zu den Stabkirchen am Sognefjord. Mit Borgund, Kaupanger, Undredal, Urnes und Hopperstad liegen fünf dieser mittelalterlichen Kunstwerke am Wegesrand.

Schon zur Wikingerzeit wurden im heutigen Norwegen reich verzierte Schiffe und Wohngebäude aus Holz gefertigt. So ist es nicht verwunderlich, dass man später auch beim Kirchenbau auf diesen Baustoff setzte. Oft werden die Stabkirchen mit aufgetakelten Wikingerschiffen verglichen, denn die tragenden Elemente, die Staver, streben wie Masten zum Himmel, die Dächer erinnern an Segel, und die Drachenköpfe an den Giebeln haben eine verblüffende Ähnlichkeit mit den Verzierungen am Bug und Heck der Wikingerschiffe.

Im 13. Jahrhundert gab es in Norwegen rund 1000 Stabkirchen. Doch um 1350 suchte die Pest das Land heim, ganze Landstriche wurden entvölkert. Der Stabkirchenbau geriet in Vergessenheit. In der Folgezeit verfielen immer mehr Kirchen, um 1800 gab es nur noch rund 100, weitere wurden abgerissen. Heute existieren nur noch um die zwei Dutzend Stabkirchen, einige aber nicht mehr am ursprünglichen Ort und andere so

stark umgebaut, dass sie kaum noch als Stabkirchen zu erkennen sind. Das Innere der Kirchen ist spärlich beleuchtet, nur wenige Bullaugen unter den Dachbalken lassen Licht herein. Nach dem Betreten des Gebäudes braucht man erst einmal Zeit, um sich an die Dunkelheit zu gewöhnen. Im Mittelalter war Glas eine Kostbarkeit, doch vielleicht sollte der dunkle Kirchenraum die Gottesdienstbesucher auch beeindrucken und ehrfürchtig erstarren lassen. Viele Kirchen wurden an ehemaligen Kult- und Opferstätten errichtet, nie standen sie mitten im Dorf. Ihr einsamer Standort gab ihnen etwas Mystisches und verstärkte die Ehrfurcht der Gläubigen. Wie sehr das Christentum zur Zeit des Stabkirchenbaus noch mit der germanischen Mythologie verwoben war, belegen die vielen Schnitzereien, die Tier- und Pflanzenornamente zeigen. Vor allem die Eingangstür wurde mit Schlangen und Fabeltieren verziert, die zusammen mit der Geisterschwelle das Böse fernhalten sollten.
Ausgangspunkt der Route, für die man mit dem Auto zwei Tage benötigt, ist Borgund. Um 1150 erbaut ist die Kirche wahrscheinlich der älteste Holzbau Europas. Sie vermittelt einen guten Eindruck einer ursprünglichen Stabkirche. Von Borgund folgt man der E 16 und gelangt über Flåm in den kleinen Ort Undredal am Aurlandsfjord. Die hiesige Stabkirche ist die kleinste erhalten gebliebene mit Platz für 40 Gläubige und gehört zum einfachsten Typ. Von Gudvangen geht es nun mit der Autofähre über den Nærøyfjord. Vom Fähranleger ist es dann nicht mehr weit bis nach Kaupanger. Die Stabkirche hier ist die größte der Provinz Sogn og Fjordane. Ihr Äußeres wirkt unspektakulär, der Innenraum ist dafür umso prächtiger. Von Kaupanger fährt man auf der Nr. 5 nach Sogndal und weiter zur Fähre bei Solvorn, die direkt zur Stabkirche von Urnes übersetzt. Sie steht wunderschön auf einer Landzunge über dem Lustrafjord. Nach der kurzen Fährfahrt zurück nach Solvorn geht es über Sogndal nach Vik und zur Stabkirche von Hopperstad. Sie wurde Mitte des 12. Jahrhunderts auf einem Hügel über dem Sognefjord erbaut und nach dem Vorbild von Borgund restauriert. Da nur wenige Besucher hierher kommen, lässt sich die perfekte Architektur in Ruhe genießen.

DIE STABKIRCHE VON BORGUND ist eine der wenigen, die durch die Jahrhunderte hindurch kaum verändert wurde. Auf den Dachfirsten sitzen furchterregende Drachenköpfe.

ZU DEN SEHENSWÜRDIGKEITEN in Balestrand am Sognefjord zählt neben den prächtigen Holzvillen auch die St.-Olavs-Kirche. Sie wurde im Jahr 1897 in Anlehnung an die alten Stabkirchen errichtet.

DIE TÜREN IM LAUBENGANG der größten norwegischen Stabkirche in Heddal sind mit kunstvoller Tier- und Rankenornamentik verziert. Die Kirche besitzt außerdem mehrere Türme und ein fünfstöckiges Dach.

EINE ORIGINALGETREUE KOPIE der alten Stabkirche wurde 1996 in Gol errichtet. Das baufällige Original wurde 1884 zerlegt und nach der Sanierung im Norwegischen Volksmuseum in Oslo wiederaufgebaut.

DIE FILIGRANEN SCHNITZEREIEN an der Stabkirche von Urnes, aus dem germanischen Tierstil entwickelt, gaben der jüngsten Stilrichtung des norwegischen Frühmittelalters ihren Namen, den Urnes-Stil.

ZWAR ORIENTIERT SICH die St.-Olavs-Kirche in Balestrand an den mittelalterlichen Stabkirchen, doch im Gegensatz zu den fast fensterlosen Originalen ist ihr Innenraum lichtdurchflutet.

# FJELLNORWEGEN, OSTNORWEGEN UND TELEMARK

Drei Landschaften, wie sie unterschiedlicher kaum sein könnten, bilden den Kern des Südens. Die vom Eis modellierten Fjells der Nationalparks Jotunheimer, Rondane und Dovrefjell zählen zu den schönsten Naturlandschaften Europas, hier liegen die höchsten Berge Norwegens. Die großen Täler bilden seit jeher die natürlichen Verkehrswege durch die waldreiche Mittelgebirgslandschaft Ostnorwegens. Auch die hügelige Telemark ist zu großen Teilen von Wäldern bedeckt.

DAS RONDANE ist ein kleiner Gebirgszug. Trotzdem gibt es hier mehrere Berge, die über 2000 Meter hoch sind. In einigen Teilen des Rondane fällt nur selten Regen, doch in den Randgebieten gibt es auch kleinere Moore.

SÜDLICH VON OPPDAL zwängt sich die Driva wild schäumend durch enge Schluchten. Wo sie ruhiger fließt, lädt das eiskalte Wasser zum Bad ein.

# AUF DEN SPUREN VON PEER GYNT

An diesem Tag wird die Gjende wohl wieder öfter fahren müssen, denn am Steg warten viel mehr Menschen, als das kleine Boot aufnehmen kann. Mit ihren Stiefeln, Stöcken und Tagesrucksäcken sind die Frühaufsteher unschwer als Wanderer auszumachen. Einige haben aber mehr vor, schleppen riesige Rucksäcke mit Proviant, Zelt und Schlafsack. Die Fahrt mit dem Boot von Gjendesheim nach Memurubu über den grün schimmernden, zwischen mächtigen Felswänden eingekeilten Gjendesee bietet den besten Einstieg zum Beseggengrat – eine der schönsten Touren, wenn nicht gar die schönste Tagestour im norwegischen Gebirge, die schon der sagenhafte Peer Gynt gemacht haben soll. Bis in die Nähe des Bessvatn geht es steil bergauf, dort beginnt dann der eigentliche Beseggengrat – und ein Panorama ohnegleichen. Mit etwas Kletterei ist der Grat zu meistern, und dann liegt auf der einen Seite der grüne Gjendesee, auf der anderen der schwarze Bessvatn und ringsum Jotunheimen mit gezackten Gipfeln und Gletschern. Glaubt man Henrik Ibsen, ist der Beseggengrat scharf wie eine Sense. Ibsens Held, der sagenhafte Peer Gynt, bezwang ihn auf einem Rentierbock. Gynt hat im 17. oder 18. Jahrhundert wohl wirklich im Gudbrandsdal gelebt. Viel konnte Ibsen jedoch nicht über ihn in Erfahrung bringen, was ihn aber wenig störte, konnte er die Geschichte vom liebenswerten Träumer und Fantasten doch so viel freier erzählen. Nach dem Grat erreicht man schließlich das Gipfelplateau mit dem Steinmännchen am höchsten Punkt. Mit jedem Wanderer wächst es, da alle, die hier oben ankommen, einen Stein dazufügen. Nach rund sechs Stunden und einem relativ unspektakulären Abstieg endet die Wanderung auf den Spuren Peer Gynts dort, wo sie begonnen hat – in dem kleinen Ort Gjendesheim.

PANORAMASTRASSE DURCHS GEBIRGE
Die Straße 51 quert das gesamte Jotunheim. So kommen auch Autofahrer in den Genuss von Ausblicken, die sonst nur Wanderer genießen können. Von Fagernes steigt die Straße leicht, aber stetig an, zu beiden Seiten des Tales liegen Bauernhöfe und grüne Wiesen. Bei Beitostølen erfolgt dann unmerklich der Übergang ins Hochgebirge. Hinter dem Ort ist bald die Baumgrenze erreicht, und auf der linken Seite taucht das markante Bitihorn auf, danach führt die Straße zwischen den schmalen, lang gestreckten Seen Bygdin und Vinstri hindurch und erreicht auf der Valdresflya den höchsten Punkt – hochalpine Landschaft so weit das Auge reicht. Hier wachsen nur noch Flechten, Moose und ein wenig Heidekraut zwischen den Steinen. Westlich der Straße liegt der Nationalpark Jotunheimen. Eine kurze Stichstraße führt mitten hinein in diese eindrucksvolle Bergwelt nach Gjendesheim am schmalen Gjendesee. Zurück auf der Hauptstraße bieten sich noch einige Kilometer oberhalb der Baumgrenze schöne Blicke auf die Berge, bis man schließlich wieder in die Vegetation eintaucht und durch das Sjodal Vågåmo erreicht.

DIE RELATIV BREITEN UND TIEFEN KERBEN des Østerdal, des Gudbrandsdal, des Valdres, des Hallingdal und des Numedal teilen die Mittelgebirgslandschaft Ostnorwegens in mehrere Abschnitte. Die Täler sind

EIN BESONDERS WILDER TEIL von Jotunheimen ist das Sognefjell. Die Sognefjellstraße eröffnet selbst im Sommer herrliche Ausblicke auf schneebedeckte Berge.

DAS FREILICHTMUSEUM Maihaugen bei Lillehammer entstand durch die Sammelleidenschaft des Zahnarztes Anders Sandvig. Es gibt einen Einblick in das bäuerliche Leben des 18. und 19. Jahrhunderts.

ein Ergebnis der letzten Eiszeit und bildeten natürliche Verkehrswege, entlang derer die Menschen das Land besiedelt haben. Auch heute noch verläuft durch jedes dieser fünf Täler eine Hauptverkehrsstraße, durch einige von ihnen sogar zusätzlich noch eine Bahnlinie. In der ganzen Region spielt die Landwirtschaft noch eine bedeutende Rolle, und viele alte Bauernhöfe dokumentieren die weit zurückreichende Geschichte dieser Kulturlandschaft. Die Talböden, aber auch die Berghänge werden häufig fast bis zur Baumgrenze als Felder oder Wiesen genutzt. Und so mancher Bauer verdient sich während des Sommers noch ein kleines Zubrot, indem er ein Stück Wiese zum Campingplatz deklariert oder einige Zimmer vermietet.

DAS TAL DER TÄLER Für die Norweger ist das Gudbrandsdal das ›Tal der Täler‹. Schon im Mittelalter war der Weg durch das Tal die bevorzugte, weil einfachste und sicherste Route der Pilger und Könige, die von Oslo nach Nidaros, ins heutige Trondheim, reisten. Der 100 Kilometer lange Mjøsasee bildet die Fortsetzung des Gudbrandsdal nach Süden hin, hier setzte man früher seinen Weg mit dem Schiff fort. Den technischen Fortschritt des 19. Jahrhunderts spiegelt das 1856 in Betrieb genommene Dampfschiff Skibladner wider, das heute Reisende auf Nostalgietour entzückt. Die Hauptstrecke führt nicht mehr über den See, sondern über die Europastraße 6, denn wer hinauf zum Nordkap will, hat kaum eine andere Alternative.

EIN SPRICHWORT BESAGT, Norweger werden mit Skiern an den Füßen geboren. Auch wenn das ein wenig übertrieben ist, zieht es doch viele ins winterliche Gebirge, wie hier ins Jotunheimen. Ausgerüstet mit Rucksack oder Pulka geht es für einige Tage von Hütte zu Hütte.

# VOM TELEMARKSCHWUNG ZUM TELEMARKKANAL

TELEMARK UND SKILAUFEN gehören untrennbar zusammen, denn in dieser Region steht die Wiege des modernen Skisports. Wer kennt sie nicht, die elegante Telemarklandung beim Skispringen, bei der die Skier leicht versetzt in Schrittstellung den Schnee berühren? Nicht weniger elegant ist der Telemarkschwung, bei dem man tief in der Kniebeuge in langen Bögen den Hang hinunterfährt. Das alles verdanken die Freunde des weißen Sports einem gewissen Sondre Norheim aus Morgedal, einem kleinen Dorf in Telemark, der auf die ebenso geniale wie schlichte Idee kam, um die Hacken eine Schnur zu legen, und so den Prototyp einer Bindung erfand, mit der sich die Skier viel besser führen ließen. Damit war es dann auch nicht mehr weit bis zum Telemarkschwung. Heute ist Telemark zwar nicht für alpinen Skisport bekannt – dafür sind die Berge nicht steil genug –, Skilangläufer aber kommen hier sicher auf ihre Kosten. Und im Sommer bieten die ausgedehnten Wälder ausgezeichnete Wandermöglichkeiten.

MIT DEM SCHIFF DURCH DIE WÄLDER
Eine der schönen Möglichkeiten, die sommerliche Telemark zu erkunden, ist eine Fahrt auf dem Telemarkkanal, entweder als Kapitän auf dem eigenen Boot oder als Passagier auf einem der schwimmenden Oldtimer, die rund elf Stunden für die Tour benötigen. Der Telemarkkanal besteht zum Großteil aus natürlichen Gewässern, die durch zwei Kanäle verbunden wurden. Gerade diese Abschnitte machen den Reiz der 1892 eröffneten Wasserstraße aus, denn bei der Fahrt von Skien nach Dalen muss jedes Schiff durch insgesamt 18 Schleusen, um die gut 70 Meter Höhenunterschied zu überwinden. Gebaut wurde die 105 Kilometer lange Wasserstraße, um der Industrie auf die Beine zu helfen – besonders das Sägewerk in Ulefoss profitierte vom Bau des Kanals.
Wer den Blick gern weiter zurück schweifen lassen möchte, kommt auf dem Bandakkanal auf seine Kosten. Auf ihm wird schon lange nicht mehr geflößt, und deshalb bietet er noch ein sehr nostalgisches Bild. So werden die großen, hölzernen Tore der Schleusenkammern noch immer mithilfe einer ausgeklügelten Hebelkonstruktion ohne viel Muskelkraft von zwei Schleusenwärtern geöffnet und geschlossen. Heute ist der Kanal eine der größten Touristenattraktionen Telemarks, insbesondere wegen der beiden historischen Schiffe, die sich jeden Tag auf den Weg durch den Kanal machen. Dem Interesse an den Fahrten ist es zu verdanken, dass die, die den Kanal zuschütten wollten, sich nicht durchgesetzt haben und dass dieses Industriedenkmal erhalten geblieben ist.

# KARGE HOCHEBENEN UND ALTE BAUERNHÖFE

VIELE ALTE TRADITIONEN Aus der Vogelperspektive wirkt das Setesdal wie eine mit dem Riesenbeil geschlagene Kerbe, die den südlichen Teil Norwegens in zwei Hälften teilt. Durch das Tal fließt die Otra, die mehrere lang gestreckte Seen bildet. Mit ihren hohen Felswänden zu beiden Seiten wirken sie fast wie Fjorde. Gesäumt von Sandstränden erfreuen sich Fluss und Seen bei schönem Wetter großer Beliebtheit.

Nur wenige Straßen führen auf die Hochebenen zu beiden Seiten des Setesdal, wo noch wenig erschlossene Wandergebiete, zum Großteil oberhalb der Baumgrenze, engagierte Bergfreunde herausfordern. Lange war das Tal isoliert und nur recht schwer zu erreichen. Auch heute ist es noch dünn besiedelt. In den letzten Jahren hat allerdings der Tourismus auch dieses Tal entdeckt, und Skifahrer, Kletterer, Kanufahrer und Wanderer zieht es nun auf die ganz andere Seite von Norwegens Süden. Doch blieb vieles von früher erhalten, besonders typisch sind die alten, im Blockhausstil errichteten Vorratshäuser, sogenannte Stabbur. Oft haben sie schon Jahrhunderte auf dem Buckel, und die Baumstämme sind von Wind und Wetter gegerbt und rissig. Seit einiger Zeit besinnt man sich wieder auf diese uralte Art des Hausbaus, immer häufiger werden Ferienhäuser und Campinghütten als Blockhäuser errichtet. Bekannt ist das Tal auch für seine Silberschmiede.

UNWIRTLICH SCHÖN Nur wer die Hardangervidda vollständig von Osten nach Westen oder von Norden nach Süden durchwandert, bekommt einen realistischen Eindruck von der größten Hochebene Europas. Die Hardangervidda ist ein gewaltiges Gebirgsplateau, das zum Großteil über der Baumgrenze liegt, menschenleer, steinig und mit vielen Seen durchsetzt. Was aber nicht bedeutet, dass die Hardangervidda eine unbelebte Einöde ist: Gut 500 Pflanzenarten und 120 Vogelarten wurden auf der Hochebene gezählt, und von den kleineren Säugetieren ist der Lemming wohl der beeindruckendste, der hier alle vier Jahre auftaucht.

Weil große Bäume und markante Berge fast ganz fehlen, kann der Blick überall in die Ferne schweifen, wenn nicht gerade Nebel oder Schneestürme für Null-Sicht sorgen. Das Plateau ist berüchtigt für sein hartes Klima. Hier hat manche Expedition im Eis oder beim Durchqueren von Wildbächen den Ernstfall trainiert. Erstaunlicherweise fühlt sich hier seit Jahren Norwegens größte Rentierherde wohl. Wanderer bekommen diese scheuen Tiere kaum zu sehen. Die einzigen Wege durch diese Urlandschaft sind die Straße 7 und die Bergensbahn.

OBEN | AUF DER NATIONALEN TOURISTENSTRASSE über das Sognefjell kommt man aus dem Staunen nicht mehr heraus: Das ist eine Fjelllandschaft wie aus dem Bilderbuch. Wer im Sommer Lust auf ein paar Runden in der Loipe hat, kann sich in der Sognefjell Turisthytte Langlaufskier ausleihen. UNTEN | SEIT DER ERÖFFNUNG der Bahnlinie von Oslo nach Bergen ist der höchstgelegene Bahnhof Nordeuropas in Finse ein beliebter Ausgangspunkt für Wanderungen auf der Hardangervidda. Hier gibt es ein Hotel und das Rallarmuseum, das den Besucher über den Bau der Bergenbahn informiert.

# BRUDER WOLF

Der Naturpark Langedrag liegt zwischen Hallingdal und Uvdal. Er bietet Wölfen, Polarfüchsen und Luchsen in weitläufigen Gehegen viel Bewegungsfreiheit.

MERCURY

# TRONDHEIM

Wer vom Festland her zum ersten Mal ins Trøndelag reist, erkennt im Angesicht der fruchtbaren Hügellandschaft auf den ersten Blick, warum hier seit den frühesten Zeiten Menschen siedeln. Solchermaßen bevorzugt konnte hier mit Trondheim auch das erste Machtzentrum eines norwegischen Königreiches entstehen, und mit seiner malerischen Altstadt mitsamt hölzernen Packhäusern und dem größten Sakralbau Skandinaviens vermag sich Trondheim bis heute gegenüber Bergen und Oslo zu behaupten. Diese Stadt im geografischen Herzen des Landes bietet sich zugleich als Tor zum Norden an, wohin die Reise entweder durch ausgedehnte Taigawälder oder entlang einer reich gegliederten Küstenlandschaft verläuft.

TRONDHEIM liegt an der Mündung des Nidelv in den Trondheimfjord, ungefähr 70 Kilometer vom offenen Meer entfernt. Zwischen den alten Packhäusern am Fluss und der Festung Kristiansten erstreckt sich ein malerisches Altstadtviertel.

AUF DEM MARKTPLATZ von Trondheim, dem Torget, steht diese Säule, die an den Stadtgründer Olav Tryggvason erinnert. Über ihn ist wenig bekannt. Um das Jahr 996 soll er die Bewohner der norwegischen Westküste missioniert haben.

# DIE HISTORISCHE HAUPTSTADT

Die rund 41 000 Quadratkilometer umfassende Landschaft des Trøndelag ist im Westen des Landes von seenreichen Hochfjellregionen umgeben, im Osten steigt sie zerklüftet und fjordreich aus dem mit Schären gespickten Meer auf. Während sich im Norden dunkle Taigawälder zwischen düster heraufdrängenden Bergen erstrecken, bildet die Kältesteppe des Dovrefjell die natürliche Grenze nach Süden. Dazwischen breiten sich Täler mit Wiesen, Wäldern und vor allem mit Feldern aus. Schon im Mittelalter wurde hier, wo die Witterung außerordentlich mild ist, intensiv Landwirtschaft betrieben. Daran hat sich bis heute nichts geändert.

## MITTELPUNKT ÜBER JAHRHUNDERTE

Trondheim wurde um 997 von König Olav Tryggvason zur königlichen Residenz erhoben. Der zuvor in England zum Christentum übergetretene Herrscher ließ die Christianisierung weiter Landesteile von hier aus durchführen, doch wesentlicher noch zur Bekehrung der Wikinger zum ›rechten Glauben‹ trug sein in der Normandie getaufter Nachfolger Olav II. Haraldsson bei. Erst dessen Tod führte dazu, dass die seinerzeit Nidaros – ›Mündung des Nid-Flusses‹ – genannte Siedlung zum Wallfahrtsort und zur größten und reichsten Stadt des Landes aufstieg und bis zur Reformation im Jahr 1536 auch geistiges Zentrum war.
Olav II. hatte 1030 bei Stiklestad im Kampf gegen aufständische Bauern sein Leben gelassen und wurde dort begraben. Bald schon ging im Volk die Kunde von Mirakeln um. So grub man die Leiche im Jahr darauf wieder aus und fand sie unversehrt vor. Olav wurde zum Symbol für Volk und Reich und unter dem Namen Olav der Heilige europaweit bekannt. Sein Grab, über dem später der Dom errichtet wurde, stieg zur bedeutendsten mittelalterlichen Wallfahrtsstätte des Nordens auf.

IM STIL DES ROKOKO und Neoklassizismus wurde der Stiftsgården, eines der größten Holzgebäude Skandinaviens, Ende des 18. Jahrhunderts als Privathaus erbaut. Heute ist er die offizielle Residenz des Königs in Trondheim.

IN SPÄTEREN JAHRHUNDERTEN verlor Trondheim zwar seine Bedeutung als Pilgerort und seine Stellung als geistliches und weltliches Zentrum Norwegens, aber der Handel mit Holz aus den Trøndelag-Wäldern und die Lage am ›Weg nach Norden‹ – was übersetzt ›Norwegen‹ bedeutet – sorgten für Wohlstand und Selbstbewusstsein. Auf der Flusshalbinsel Øra, wo Olav Tryggvason vor über 1000 Jahren um 997 seine Residenz errichtet hatte, übertönt das Raunen der Jahrhunderte die Geschäftigkeit der expandierenden Technologiemetropole und Universitätsstadt. Hier sind sie zu finden, die sternchenverdächtigen Sehenswürdigkeiten, und insbesondere rings um den Dom ist Geschichte noch spürbar. Norwegens schönster Sakralbau und die mächtigste Kathedrale im ganzen Norden ist Kristallisationspunkt des royalistischen Norwegen, denn jeder zukünftige Regent muss hier gekrönt werden.

Nordwärts dieser Keimzelle erkennt auch der Laie den für die Renaissance typischen schachbrettartigen Stadtgrundriss, durchschnitten von der Munkegate. Sie geleitet vom Dom direkt zu Torget, dem Marktplatz und Herz der Stadt, wo auf einer hohen Granitsäule Stadtgründer Olav Tryggvason steht. Von dort führt die Stadtachse weiter dem Meer zu, und viele prestigeträchtige Bauwerke säumen die Flaniermeile.

ÜBER DEN FLUSS IN DIE WÄLDER Jenseits Trondheims ist bald das nördliche Trøndelag erreicht, von dessen Weite und Einsamkeit man sich in der dicht besiedelten Mitte Europas kaum eine Vorstellung machen kann. Die Region ist zwar flächenmäßig größer als beispielsweise Hessen, hier leben aber nur rund 128000 Menschen zwischen ausgedehnten Taigawäldern, die nahezu die Hälfte des stark gebirgigen und im Bereich der Schwedengrenze bis fast 1400 Meter hoch ansteigenden Landes bedecken. Dazwischen liegen Seenplatten und ausgedehnte Moore. Wildromantische Schluchten führen in schroffe Hochfjellzonen – die Binnenlandschaft zeigt sich hier ganz so, wie man sich Sibirien vorstellt. Straßenarbeiter haben einst diese Bezeichnung als Ortsnamen geprägt, und er schmückt als Fotomotiv ein Straßenschild an der von Grong nach Schweden verlaufenden Reichsstraße 74, deren Spitzname ›Fiskevägen‹ den Fischreichtum dieser Grenzregion spiegelt. Aber auch passionierte Waldläufer kommen hier auf ihre Kosten. Wer einen Elch vor die Kameralinse bekommen möchte, hat gute Chancen, denn das größte und mit 500 Kilogramm Gewicht auch schwerste frei lebende Wildtier Europas gilt hier fast schon als Landplage. Auch einige der letzten Wölfe, die es in Norwegen noch gibt, haben hier ihr Revier. Auch Braunbären tauchen hier vereinzelt auf. Perfekt getarnt durchstreift der Luchs sein bis zu 600 Quadratkilometer großes Nadelwaldrevier. Es kommt allerdings einem Hauptgewinn im Lotto gleich, ihn beobachten zu können.

IM HISTORISCHEN AMBIENTE eines der ältesten Herrensitze der Region präsentiert das Ringve-Museum Instrumente der europäischen Musikgeschichte. Es ist Norwegens Nationalmuseum für Musik und Musikinstrumente.

# FÜR OLAV DEN HEILIGEN

... wurde der Nidarosdom erbaut. Gegenwärtig liegen neun Könige, unter ihnen auch Olav, und fast alle Erzbischöfe des Landes in der großen Kathedrale begraben. Traditionell findet hier auch die Krönung des norwegischen Königs statt.

# TRONDHEIMS WAHRZEICHEN

ZU NORWEGENS BEDEUTENDSTEN KIRCHEN gehört der Nidarosdom in Trondheim. Er ist eng mit König Olav Haraldsson verbunden, der 1030 in der Schlacht von Stiklestad fiel. Ein Jahr später wurde Olav heiliggesprochen und damit zum Nationalhelden. Mit dem Bau einer Kirche über seinem Grab begann man wahrscheinlich gegen Ende des 11. Jahrhunderts unter König Olav Kyrre.

Die ältesten Teile der 100 Meter langen und 50 Meter breiten Kathedrale sind die Querschiffe und die Sakristei im romanischen Stil. Chor, Hauptschiff und der zentrale Turm wurden 100 Jahre später im gotischen Stil hinzugefügt. Mehrfach verwüsteten Brände den Dom, er wurde aber immer wieder neu aufgebaut. 1869 beschloss man die letzte große Restaurierung, die sich über 100 Jahre hinzog. Erst 1983 konnte die letzte Statue in die monumentale Westfront eingefügt werden.

DIE FIGUREN NORWEGISCHER KÖNIGE UND BISCHÖFE sowie biblische Gestalten schmücken die Westfassade des Nidarosdoms, die von zwei Türmen gefasst wird. Über dem Hauptportal sitzt – wie bei französischen Kathedralen – eine große Fensterrose.

OBEN | DAS BUNTE EINGANGSPORTAL des Detli-Hauses im Freilichtmuseum von Trøndelag ist typisch für die Provinz Sør-Trøndelag. Erbaut Anfang des 19. Jahrhunderts, war es eines der ersten zweistöckigen Hofgebäude. UNTEN | ALLJÄHRLICH Ende Juli feiert Trondheim die Olavs-Festtage mit Mittelaltermarkt und Ritterturnieren. Im 100 Kilometer entfernten Stiklestad wird von 300 Darstellern »Das Spiel vom heiligen Olav« aufgeführt. RECHTS | AUF EINER ANHÖHE im Südwesten von Trondheim liegt das Freilichtmuseum, in dem man mehr als 60 historische Gebäude aus der Region besichtigen kann.

# NORRLAND UND LOFOTEN

»Die Landschaft ist so schön, dass es innerlich schmerzt«, schwärmte Liv Ullman von ihrem Heimatland, und wo könnte dieser Schmerz größer sein als dort, wo die Natur am norwegischsten auftritt? In der Welt von Norrland, das sich als Symphonie in Stein und Eis entlang der Atlantikküste über den Polarkreis hinzieht. Bei den Lofoten und Vesterålen scheint es, als ob »ein ungeheures Felsengebirge mit all seinen Hängen und Tälern, Zinnen und Wänden in das Meer gesunken wäre«, wie es Ferdinand Krauss vor 150 Jahren in seiner »Nordlandfahrt« beschrieb. Hier geht es in erster Linie um Naturerlebnisse, doch auch das Kulturelle kommt nicht zu kurz, nehmen doch die Inseln mit ihren traditionellen Fischerdörfern auch in dieser Hinsicht eine Sonderstellung ein.

LAND UND MEER bilden in der Küstenregion um die Kleinstadt Brønnøysund ein sehenswertes Labyrinth. Rund 15 Kilometer südlich liegt der Berg Torghatten, für den sogar die Hurtigruten-Schiffe einen Umweg machen.

IN DER NÄHE VON MO I RANA hat ein reißender Gletscherfluss sich sein Bett durch eine hellgraue Marmorschicht gesucht. Entstanden ist dabei das Marmorschloss, eine bizarre und schöne Skulpturenlandschaft.

# IN DER ARKTISCHEN SEE

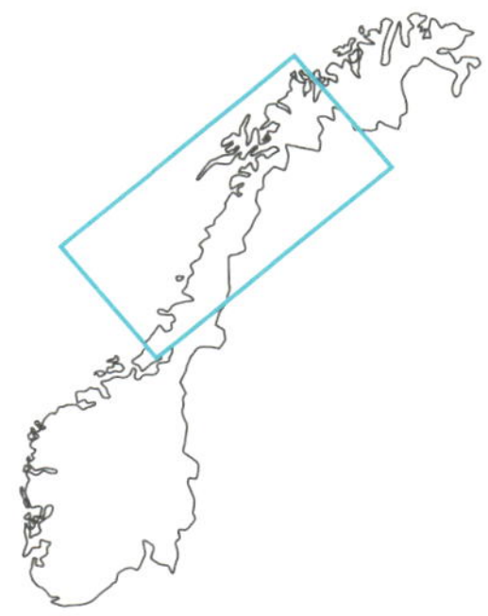

Ob zu Lande oder zur See, nördlich des Trøndelag wird es stiller, und Klippen und Berge säumen das Bild. Hervorstechendstes Merkmal dieses teilweise gerade einmal sechs Kilometer schmalen, aber rund 500 Kilometer langen Landesteils ist sein starker Küstencharakter. Ungezählte Inselsplitter liegen hier vor 14 000 Küstenkilometern im Nordmeer beiderseits des Polarkreises – jener magischen Schwelle, die bei etwa 66° 34′ Nord verläuft und die gemäßigte von der polaren Zone trennt. Doch ob nun mittsommernachts, wenn die Berge eine Komposition aus Rot und violetten Schatten bilden, oder polarwintertags, wenn sich ein grünlichblauer Abendhimmel über die hell erstrahlenden Berge wölbt: Stets haftet der Landschaft etwas Unwirkliches an, denn unwirklich, schlicht traumhaft präsentieren sich die Berggestalten von Norrland. Wie keine andere Bergregion wird es von Karlingen dominiert, jenen bizarren Gesteinsformationen, die ihre Entstehung dem Gletscherschliff der Eiszeiten verdanken, um die sich Sagen und Legenden ranken. Nahezu jeder Gipfel hat hier eine eigene Geschichte – von konkurrierenden Königen, Liebe und Eifersucht und dem Morgenlicht, das die Wesen der Nacht zu Stein erstarren lässt. Der aus dem Meer ragende ›Hut‹ Torghattan stammt aus dieser Sagenwelt, die Insel Leka und auch die ›Sieben Schwestern‹, jener siebengipfelige Gebirgsstock bei Sandnessjøen.

ENTLANG DER WESPENTAILLE Man wird überwältigt sein, sollte aber wissen, dass es zwei Wege gibt, Norwegens ›Wespentaille‹ zu erschließen. Zum einen die größtenteils im Binnenland verlaufende Europastraße 6 und andererseits die entlang der Außenkante nach Norden führende Reichsstraße 17, eine der eindrucksvollsten Küstenstraßen der Welt. ›Kystriksveien‹ beginnt in Namsos

ÄUSSERST ABWECHSLUNGSREICH ist die Helgelandküste um Sandnessjøen: Das Spektrum reicht von der wilden Bergkette der ›Sieben Schwestern‹ bis zu saftigen, hügeligen Wiesen, auf denen Pferde weiden.

und zieht sich über etwa 600 Kilometer und mit nicht weniger als sechs Fährpassagen bis hinauf nach Bodø. Torghattan, Leka und die ›Sieben Schwestern‹ liegen ebenso am Weg wie der von der UNESCO als Welterbe ausgezeichnete Archipel von Vega. Weitere Höhepunkte sind der von nahezu 1600 Meter hohen Bergen bis fast ans Meer fließende Svartisen-Gletscher und natürlich der Saltstraum, der weltweit als stärkster Gezeitenstrom gilt. Die Europastraße hat andere Reize, und geht es südlich des kulturschönen Mosjøen durch Taiga-Wälder, so weht nördlich von Mo i Rana Hochgebirgsluft über die Kältesteppe des Saltfjells. Auch zu dieser Binnenseite hin ergießt sich die Eiswalze Svartisens, Grotten führen nahebei in die Unterwelt, während sich Saltdalen als bilderbuchreife Urlaubslandschaft präsentiert. Beide Wege haben ihre Reize, beide auch muss man einmal befahren haben!

IMMER WIEDER NEU GEBOREN Und man muss auf jeden Fall wandern! Man muss hinaufsteigen zu den Horizontweiten des Saltfjells, dessen glitzernde Wassergeflechte die Tiefe des Universums spiegeln und über denen als eisiger Zeitzeuge Svartisen, Norwegens zweitgrößter Gletscher, im Äther zu schwimmen scheint. Wem das zu anstrengend ist, der muss zumindest einmal am Fuß einer der beiden leicht zugänglichen Gletscherzungen Svartisens Position beziehen. Kurze Spaziergänge führen dorthin,

DER ZWEITGRÖSSTE GLETSCHER Norwegens ist der Svartisen knapp unterhalb des Polarkreises. Von seinem Plateau fließen insgesamt 60 Gletscherzungen, eine reicht fast bis an den Holandsfjord.

wo organisches Leben keine Rolle bei der Gestaltung der Landschaft spielt, ganz ähnlich jener Welt, die die Sonne gesehen haben muss, als vor 13 000 Jahren die letzte Glazialzeit endete.

Keine Pflanze, kein Lebewesen bedeckt den geschundenen Boden an den Rändern der Eiswalzen. Nur ein Stück weit entfernt aber manifestiert sich bereits das erste Leben in Form von Flechten, die Fels und Stein in filigranen Miniaturen überziehen. Nichts als Strukturen scheinen sie zu sein, diese symbiotischen Pflanzen aus Pilz und Alge, und spielten als Humusproduzenten doch eine Hauptrolle im Prozess der Pflanzen-Wiedergeburt nach der Eiszeit. Mittels einer organischen Säure, die nirgends sonst in der Natur vorkommt, zersetzt sie den Fels, auf dem sie wächst. All das geschieht jedoch in einem unendlich langsamen Erosionsprozess. Ist das geschafft, können weitere Pflanzen auf die Bühne des Lebens treten. Erst die Moose, dann die Gräser, schließlich Schachtelhalm, Steinbrech und Silberwurz, die nun ihrerseits verwesend den Boden anreichern und ihn im Laufe der Zeit für höhere Pflanzen vorbereiten: für die Erle, später auch Birke und Weide, dann schließlich Kiefer und Fichte. So bildet sich innerhalb relativ kurzer Zeit in gestern noch lebensfeindlich erscheinenden Zonen eine Vielfalt vegetativen Lebens, und was hier im Kleinen stattfindet, geschah nach der letzten Eiszeit skandinavienweit.

# ARCHIPEL DES KABELJAUS UND INSELN DER GÖTTER

IM KLAPPSTUHL AUF DEM OBERDECK der Fähre von Bodø nach Moskenes: Man traut seinen Augen nicht, was jenseits des Vestfjordes auftaucht. Steil und sagenhaft steigt die bizarr skulptierte Zackenlinie der rund 150 Kilometer langen Lofotenwand bis über 1000 Meter hoch aus der arktischen See, und schon beim Annähern an die rund 1200 Quadratkilometer große Inselgruppe wird klar, warum die Wikinger den Lofoten einst den Beinamen ›Inseln der Götter‹ gegeben haben. Zum ›Archipel des Kabeljaus‹ wurden sie aber erst 400 Jahre später, als im 13. Jahrhundert zur Hansezeit die bis heute weltbekannte Lofot-Fischerei begann, und seit Norwegenreisen für jedermann erschwinglich sind, gelten sie als Trauminseln über dem Polarkreis.
Alle dies vereint das Bemühen, die Einzigartigkeit der durch Brücken und Tunnel verbundenen Inselkette herauszustellen, die in vielerlei Hinsicht eine Sonderstellung innehat. So kann sie auf eine vom Festland unabhängige Entwicklungsgeschichte verweisen und gehört mit einem Alter von bis zu dreieinhalb Milliarden Jahren zu den ›Frühgeborenen‹ auf Erden. Sie kennt Seen, die zu den klarsten unseres Planeten zählen und in deren Tiefen sich urzeitliches Meerwasser findet, Gezeitenströme, die zu den stärksten der Welt gehören, kennt dank Golfstrom die weltweit höchsten Temperaturanomalien, beeindruckt mit den wohl herrlichsten Stränden sowie den eindrucksvollsten Fischerdörfern des ganzen Nordens. Superlativ auf Superlativ also, und wer einmal den 168 Kilometer langen Lofot-›Highway‹ von Å im Süden bis Fiskebøl im Norden befahren hat, der kann dieser Auflistung viele weitere hinzufügen.

MAGNET FÜR KÜNSTLER »Das Reinste des Reinen, das Kälteste des Kalten, das Unberührteste des Unberührten, das Vornehmste, was man sich denken kann.« Mit diesen Worten brachte Christian Krogh, einer der Großen unter Norwegens Malern, die Lofoten auf einen Nenner, als er die Inselgruppe 1896 zum ersten Mal zu Gesicht bekam. Weiter schrieb er: »Aber schwierig, unendlich schwierig, das zu malen!« Als Erster, der diese Aufgabe meisterte, gilt Gunnar Berg, der es verstand, die mächtige Lofotennatur auf die Leinwand zu bannen. Als herausragender Vertreter der Nationalromantik machte er die Lofoten in Künstlerkreisen schon in der zweiten Hälfte des 19. Jahrhunderts weit über die Landesgrenzen hinaus bekannt. Schätzungen zufolge arbeitet heute jeder Fünfte norwegische Bildkünstler auf den Lofoten, und die Darstellung der Inselnatur ist nach wie vor das Motiv Nummer Eins.

AUS MEERESHÖHEN-PERSPEKTIVE wirken die Lofoten, wie hier auf Vestvågøy, noch beeindruckender. Winzig erscheinen die Häuser vor den oft bis zu 1000 Meter hohen Bergen. Ein schmaler Streifen Land vor den steilen Berghängen ist alles, was an Platz zum Leben bleibt.

## MAGISCHE STEINE

Auf der dem Meer zugewandten Seite der Lofoten, wie hier am Strand von Utakleiv, scheint die Mitternachtssonne am schönsten. Ihr sanftes Licht verwandelt den mit Steinen übersäten Strand in eine Märchenlandschaft.

WIE DIE WILDEN BERGE UND DAS MEER gehören Rorbuer zum Bild der Lofoten: Die bunt gestrichenen Holzhäuser stehen oft auf Pfählen über dem Wasser. Heute werden viele im Sommer als Ferienwohnungen vermietet.

AUCH PAPAGEITAUCHER brüten auf den Vogelfelsen der Lofoten. Besonders große Kolonien gibt es auf der Insel Røst.

DAS WIKINGERMUSEUM LOFOTR auf Vestvågøy, einst ein Häuptlingshof, zeigt heute u. a. Waffen und Rüstungen.

IM HAFEN DER LOFOTENHAUPTSTADT Svolvær mit ihren bunten Häusern und Schiffen herrscht im Sommer fast mediterranes Flair.

# INSELGRUPPE DER SUPERLATIVE

EINE LANDSCHAFT wie aus einem Märchenbuch: Gebirge ragen unvermittelt aus dem Meer auf, einige von ihnen bis zu 1000 Meter hoch, andere wie mit einem grünen Teppich überzogen. Zwischen den Bergen verstecken sich grüne Wiesen, Strände und kleine Dörfer, die einen faszinierenden Kontrast zu der ansonsten eher herben Landschaft bilden. Das Gestein der Lofoten ist bis zu drei Milliarden Jahre alt und gehört zum Urgestein der Erde. Die schroffen Täler und die bizarren Felsformationen, die das heutige Bild der Inseln ausmachen, wurden während der letzten Eiszeit von kleinen lokalen Gletschern geformt. Scharfe Kanten und Spitzen blieben nach dem Abschmelzen des Eises stehen und erhielten durch Verwitterung ihre heutige Form. Spätestens wenn die Mitternachtssonne Berge, Strände und Meer in ein magisches Licht taucht, ist der Zauber dieser Inseln unbeschreiblich.

VOR ALLEM IHRE LAGE vor einer wilden Bergkulisse macht den Reiz der Orte Hamnøy und Reine aus. Nicht weit entfernt liegt der Hermannsdaltind, der höchste Gipfel der Westlofoten.

# HAMSUNS REICH

Hamarøy ist eine kleine Insel am Polarkreis. Anziehungspunkte sind die Bergwelt, der Leuchtturm Tranøy Fyr mit seinem kleinen Café oder die Orte, die an den Schriftsteller und Nobelpreisträger Knut Hamsun erinnern. Hamsun hatte in seiner Jugend ein paar Jahre als Handelsgehilfe auf der Insel gearbeitet.

## KUNST IN DER NATUR

Der Beitrag des finnischen Künstlers Martti Aiha »Sieben magische Punkte« zur Skulpturenlandschaft Nordland liegt auf einer kleinen Halbinsel und erstrahlt im warmen Licht der Mitternachtssonne. Insgesamt gibt es verteilt auf ganz Norrland 33 ganz unterschiedliche Kunstwerke von 33 verschiedenen Künstlern.

STOCKFISCH

# NICHT NUR FASTENSPEISE

DIE BESTE STOCKFISCHQUALITÄT exportiert man auch heute noch nach Italien, wo der Fisch gerne während der Fastenzeit gegessen wird. Afrikanische Länder wie Nigeria bekommen in der Regel nur die minderwertigen Teile der Trockenfische.

SEIT DER WIKINGERZEIT hängt der Lofotenhimmel im Spätwinter voller Fische, die in Wind und Wetter bis zum Frühling hin zu Stockfisch heranreifen, einem nahezu unverderblichen und energiereichen Nahrungskonzentrat, das sich seit dem frühen Mittelalter europaweiter Beliebtheit erfreut und einen ganz eigenen kulinarischen Reichtum darstellt.

Dem Dorsch oder Kabeljau, wie er genannt wird, wenn er geschlechtsreif ist, müssten die Norweger und insbesondere die Bewohner der Lofoten eigentlich ein Denkmal setzen. Aber monumental müsste es sein, denn Gadus morhua bildet seit mehr als tausend Jahren das wirtschaftliche Rückgrat dieses nordnorwegischen Archipels und ist auch heute noch eine wichtige Existenzgrundlage. Auf Norwegisch wird er *skrei* oder *torsk* genannt, der erste Name bedeutet ›Wanderer‹, was auf die lange Winterreise des Kabeljaus von der Barentssee in den Vestfjord hinweist. *Torsk* hingegen leitet sich von *tørrfisk* ab, ›Trockenfisch‹, da der Kabeljau, nach dem Fang geköpft und ausgenommen, nach uralter Tradition paarweise an den Schwänzen zusammengebunden und auf hohe, als *stokk* bezeichnete Holzgestelle gehängt wird, wo er in Wind und Wetter acht bis zehn Wochen lang verbleibt, bis er trocken geworden ist. Nach dieser Prozedur, die weltweit als die älteste Konservierungsmethode für Fisch gilt, wird der Kabeljau nun schließlich *stokkfisk* genannt, zu Deutsch ›Stockfisch‹.

Da dem Kabeljau durch den Trocknungsprozess lediglich Wasser entzogen wird, bleiben der Geschmack sowie Proteine, Vitamine und Mineralien erhalten. So entspricht der Nährwert von einem Kilogramm Stockfisch demjenigen von fünf Kilogramm Frischfisch. Vor allem aber ist er jahrelang haltbar, was schon vor über einem Jahrtausend die Nachfrage geradezu explodieren ließ. Noch aber gab es keinen geregelten Handel, was sich ab dem 12. Jahrhundert etwa mit Aufkommen der Lübecker Hanse nachhaltig ändern sollte. Ihr Hauptumschlagplatz wurde die Stadt Bergen, und von nun an und bis ins 16. Jahrhundert hinein hielt die geschäftige Kaufmannsgilde das Monopol im Handel mit der Trockenkost fest in ihren Händen und sorgte dafür, dass Stockfisch europaweit bekannt und beliebt wurde. Der Umsatz an Stockfisch zu jener Zeit war ungeheuerlich, und ebenso ungeheuerlich waren auch die Reichtümer, die der Handel der Hanse einbrachte. Ihr Wappen zeigte einen Stockfisch, der eine Krone trägt.

Aber auch in späteren Jahrhunderten blieb Stockfisch eines der am meisten verbreiteten Lebensmittel, diente es doch unter anderem der Versorgung von Schiffsmannschaften in der ganzen Welt. Es ist deshalb nicht übertrieben ist zu sagen, dass der Stockfisch in erheblichem Maß an den großen Entdeckerfahrten der Neuzeit beteiligt war. Noch heute steht der größte Teil des Fangs der alljährlichen Lofot-Fischerei in nicht weniger als weltweit 30 Ländern auf der Liste der Fischhändler. Größter Abnehmer ist nach wie vor Italien, wo *stoccafisso* fester Bestandteil der Speisekarte ist. Über 90 Prozent der allerbesten Klasse – ihrem Adressaten entsprechend ›Prima‹ genannt – gehen noch heute dorthin, während devisenschwache Länder die schlechtesten Kategorien abnehmen. Der Großteil aber verbleibt in Norwegen selbst, wo Jahr für Jahr nicht weniger als etwa 2600 Tonnen allein an *lutefisk* vertilgt werden, dem ultimativen Weihnachtsessen und sozusagen der Norwegenspezialität Nummer Eins.

FAKTEN

Auf norwegischen Speisekarten kann neben **lutefisk** auch **stoccafisso** oder **bacalao** stehen. Wer *stoccafisso* bestellt, kann sicher sein, dass er auch Stockfisch bekommt, wohingegen es sich bei Bacalao sowohl um Stock- als auch um Klippfisch handeln kann, also um Kabeljau, der vor dem Trocknen gesalzen wurde. Herkunftsort des norwegischen **klippfisk** sind nicht die Lofoten, sondern insbesondere das in Südnorwegen gelegene Kristiansand. Geschmacklich unterscheiden sich beide – Stockfisch hat festen Biss und ein eher mildes Fischaroma, während Klippfisch ausgesprochen intensiv nach Fisch schmeckt.

DAS LEBEN IN EINER RORBU muss früher furchtbar gewesen sein. Meist teilten sich zehn Mann mit all ihren Gerätschaften eine Hütte. Hier wurde gekocht, gegessen, geraucht, getrunken und geschlafen.

DER GEFANGENE FISCH trocknet in einigen Monaten zu Stockfisch. Dafür muss er sofort ausgenommen und an den Schwänzen zusammengebunden auf große Holzgestelle gehängt werden.

DER ARKTISCHE KABELJAU, Dorsch, wird in Norwegen *skrei* genannt. Nach Neujahr brechen Millionen Fische aus dem Eismeer zu einer Wanderung entlang der norwegischen Küste auf, um vor den Lofoten zu laichen.

EIN TEIL DES FANGS wurde früher zu Klippfisch verarbeitet. Die Fische wurden ausgenommen, gesalzen und zum Trocknen auf den Klippen ausgebreitet. Heute füllt man zuerst die Kühlhäuser, bevor Trockengestelle bestückt werden.

FISCHZUNGE ist vielleicht nicht jedermanns Sache, in Norwegen gilt sie jedoch als Delikatesse. Aus der Leber des Fischs wird Tran gekocht, der Rogen wird eingesalzen und in Holztonnen gefüllt.

DIE GOLDENEN ZEITEN der Lofotfischer sind wohl für immer vorbei. Wegen jahrelanger Überfischung mussten streng limitierte Fangquoten eingeführt werden. So gibt es in jedem Hafen nur noch eine Handvoll Boote.

# DER HOHE NORDEN

Extreme Gegensätze prägen den äußersten Norden. Während des kurzen Sommers zeigt sich die überwiegend menschenleere Landschaft angenehm warm und lichtdurchflutet, im Winter dunkel, unwirtlich und eisig. Winzige Küstenorte reihen sich an den rauen Ufern der Eismeerküste bis hinauf zum Nordkap, dem Sehnsuchtsziel fast aller Reisenden. Nur Tromsø vermittelt ein urbanes Lebensgefühl. Auf den Tundrasteppen der Finnmarksvidda haben die Samen mit ihren Rentierherden ein letztes Rückzugsgebiet gefunden, sonst trotzt hier kaum einer den harten klimatischen Bedingungen und der sommerlichen Mückenplage.

DAS LEBEN IN DEN NÖRDLICHSTEN PROVINZEN Troms und Finnmark am Rande Europas ist hart. Einige Dutzend Kilometer bis zum Nachbarn sind nicht ungewöhnlich. Das Schlittenhundgespann ersetzt den Kleinwagen.

AUF DEN VOGELFELSEN wird jeder kleinste Vorsprung für den Nestbau genutzt. Hier herrscht ein ohrenbetäubender Lärm und ein ständiges Kommen und Gehen.

# SEHNSUCHTSZIEL NORDKAP

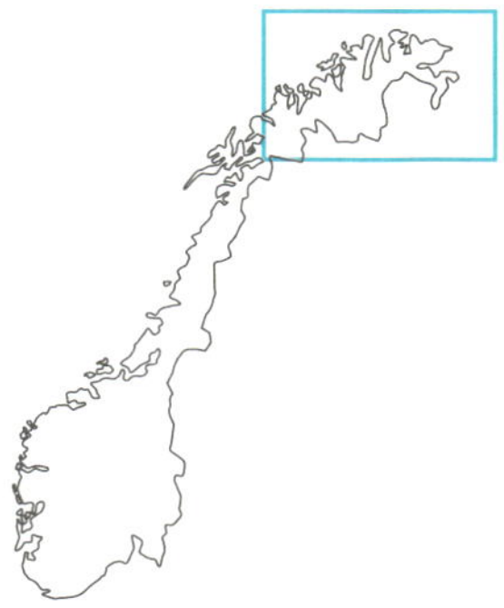

Tromsø, die Metropole des Nordens, war die einzige größere Stadt nördlich des Polarkreises, die der deutschen Aktion ›Verbrannte Erde‹ nicht zum Opfer fiel, und so besitzt die Stadt auch heute noch eine ansehnliche Sammlung alter Holzhäuser – obwohl auch sie mehr und mehr von den üblichen Glaspalästen bedrängt werden. Die Hauptstadt der Region Troms ist mit rund 66 000 Einwohnern zudem die größte Stadt Nordnorwegens und obendrein das bedeutendste Wachstumszentrum Nordskandinaviens. Mit einer Fläche von 2558 Quadratkilometern – das entspricht immerhin in etwa der Größe des Saarlandes – ist sie flächenmäßig die größte Stadt Europas. Hier sind der nördlichste Bischofssitz zu finden, die nördlichste Brauerei und die nördlichste Universität. Deren etwa 10 000 Studenten haben ursächlichen Anteil daran, dass die Stadt mit einem unerwarteten Nachtleben aufwarten kann: Wenn es nördlich von Trondheim einen Ort gibt mit einer charmant-urbanen Atmosphäre, dann ist es Tromsø.

EINE GROSSARTIGE KULISSE Von Tromsø aus sind es nur rund 70 Kilometer zurück zur Europastraße 6, die das Nordkapland erschließt. Und hinter dem nächsten Berg sozusagen beginnt es schon mit dem Lyngenfjord, der die Reise für die nächsten 100 Kilometer begleitet. Jenseits der keilförmig ins Land greifenden Wasserstraße erhebt sich Lyngen, eine der imposantesten Bergketten des Kontinents mit Hunderten bis zu 1800 Meter hoch aufragenden Gipfeln. Wegen der extremen Topografie der Halbinsel

DIE TALSTATION DES FJELLHEISEN befindet sich in der Nähe der Eismeerkathedrale, dem Wahrzeichen Tromsøs. Auf dem gut 400 Meter hohen Hausberg Storsteinen liegen einem Tromsø und der Fjord zu Füßen.

ist ihr Binnenland kaum erschlossen, und die Gipfel bleiben fast alle den erfahrenen Bergsteigern vorbehalten.

ZUM DREILÄNDERECK Die Tour gen Norden unterbrechen hin und wieder, wie mit der Axt geschlagen, tiefe Talkerben ins steil ansteigende Landesinnere, und auch wer in Eile ist, sollte sich einen Abstecher dort hinein gönnen. Etwa ins Skibotndal, dem die Europastraße 8 zum rund 50 Kilometer entfernten finnischen Kilpisjärvi nahe dem Dreiländereck mit Schweden und Norwegen folgt. Im Herbst ist kaum eine schönere Route vorstellbar, auf der man dann zwischen den Jahreszeiten hin- und herspringen kann: Auf dem Fjell herrscht die Farbenpracht eines Indian Summer, die Berge über Kilpisjärvi tragen bereits ihr weißes Winterkleid, während in Skibotn am Taleingang immer noch der Sommer erfreut.

AUSBEUTUNG UND BEWAHRUNG Auch nach den nächsten Etappen gibt es reichlich Gelegenheiten, das Auto zu verlassen. Denn das Boot ist das angemessene Verkehrsmittel, um dem wilden Reisadal durch den gleichnamigen Nationalpark zu folgen oder von Alta aus dem Altaelv durch den größten und spektakulärsten Canyon von Nordeuropa. Die Eindrücke in den Tiefen der Schlucht sind schlicht überwältigend – angesichts derer ist es unfassbar, dass Ingenieure in den 1960er-Jahren den Traum hegten, den bis zu 425 Meter tiefen und 14 Kilometer langen Canyon in einem Stausee zu ertränken. Dieser Plan scheiterte dank einer von ganz Europa getragenen Protestwelle, aber Hunderte andere Staudämme sind überall im Land längst Realität und haben Norwegen andererseits in die beneidenswerte Situation versetzt, seinen Energiebedarf nahezu komplett mit Wasserkraft decken zu können.

AM ZIEL DER ZIELE In Skaidi steht man vor der Wahl, ob auch Hammerfest, die nördlichste Stadt der Welt, besucht werden soll oder nur das Kap selbst. Ein Urteil soll hier nicht gefällt werden, doch sei als Grundlage für die Entscheidung gesagt, dass man nur in Hammerfest Mitglied der Royal and Ancient Society of Polar Bears mitsamt Eisbärenzertifikat und Eisbärenanstecknadel werden kann. Sonst gibt es dort nicht viel zu sehen, wohingegen man vom 307 Meter senkrecht ins Meer fallenden Schieferfelsen des Nordkaps in die ungeheure Weite Richtung Pol spähen kann, um den sich die Erde dreht. Das ist ein Erlebnis, das jedes Jahr über eine Viertelmillion Touristen an diesen Ort treibt, wie auch die meisten Besucher anschließend in den betongefassten Bau der Nordkaphalle steigen, um das Nordkap-Zertifikat zu erwerben.

NACH GETANER ARBEIT genießen auch Huskies die wohlverdiente Pause. Sie legen sich jedoch mit Begeisterung ins Zeug, wenn es mit dem Schlitten in die weiße Wildnis geht.

# NEUE MÖGLICHKEITEN IN DER BARENTSSEE

DER GRIECHISCHE ENTDECKER PYTHEAS war es, der bereits im 4. Jahrhundert v. Chr. von Thule berichtete, »einem letzten Land im Norden«, nahe dem »geronnenen Meer« (Eismeer). Seit der Antike steht der Name Ultima Thule sprichwörtlich für den äußersten Nordrand der Welt. Lange Zeit war die Finnmark für die Norweger nicht mehr als eine vernachlässigte Kolonie der Krone, in die man gern auch Verbrecher und Landstreicher aus dem Süden des Landes deportierte. Erst 1789, als das Privileg, dass nur der Süden in diesem Gebiet Handel betreiben durfte, aufgehoben wurde, konnten eigene Marktorte und Städte entstehen. Insbesondere der ›Pomorje-Handel‹, vom russischen Wort *pomorje*, ›Küste‹, abgeleitet, der bis hinüber nach Archangelsk am Weißen Meer reichte, blühte auf. Mit der kommunistischen Revolution in Russland 1917 kamen alle Handelsverbindungen gen Osten dann wieder zum Erliegen. Das änderte sich schlagartig, als der Eiserne Vorhang fiel, und die gerade noch entlegenste Region am Rand der Welt plötzlich von ihrer neuen zentralen Lage in der Barentsregion profitierte. Viel wichtiger noch für die wirtschaftliche Entwicklung der Finnmark werden allerdings die gewaltigen Erdöl und Erdgasfunde sein, die man an Dutzenden von Stellen unter der Barentssee geortet hat.

HERING, DORSCH UND KÖHLER Niemand hätte wohl Nordnorwegen besiedelt, wären nicht die riesigen Fischschwärme vor der Küste gewesen. Hering, Dorsch, Köhler, Lodden, Schellfisch, Seelachs und Lachs entschädigten ein wenig für die harten Lebensbedingungen jenseits des Polarkreises. Aber irgendwann war das Meer fast leer gefischt und die Fischer standen vor dem Ruin. Denn im hohen Norden gibt es keine Alternative zu Fischfang und Fischverarbeitung. Zu einem Strohhalm ist für die arg gebeutelten Fischer die Aquakultur geworden, die aus Hochseefischern Fischfarmer gemacht hat. Wer an der Küste unterwegs ist, sieht immer wieder in Buchten und Fjorden Unterwasserkäfige. In ihnen schwimmen Zigtausend Lachse und Meerforellen, die solange gemästet werden, bis sie die richtige Größe zum Verkauf erreichen. Doch auch bei der Aquakultur wurde zu schnell expandiert, die Überproduktion ließ die Preise in den Keller fallen. Heute reguliert der Staat die Lachsproduktion über die Vergabe von Lizenzen.

AUCH WENN der gut 300 Meter hohe Nordkapfelsen nicht, wie immer wieder behauptet wird, den nördlichsten Punkt Europas darstellt, ist er doch das Ziel fast aller Nordlandreisenden. Bei schönem Wetter ist der Ausblick atemberaubend.

## UNWIRTLICHES ENDE

Magerøya bedeutet so viel wie ›magere Insel‹, und genau das ist auch der Eindruck, den Norwegens einzige arktische Landschaft auf den Besucher macht: Ein mit spärlichem Grün überzogenes, unwirtliches Felsplateau.

OBEN | ALS DAS BESTE LACHSGEWÄSSER Norwegens gilt der Tana-Fluss, der über weite Strecken die Grenze zwischen Norwegen und Finnland bildet. Im Durchschnitt werden hier pro Jahr 130 Tonnen der Edelfische geangelt. RECHTS | MÅSØY ist wahrlich vielschichtig. Durch tektonische Verschiebungen entstanden in alle Richtungen gestapelte Schiefervorkommen.

# WENN DER NACHTHIMMEL LEUCHTET

FÜR DIE MENSCHEN DES HOHEN NORDENS war der leuchtende Nachthimmel immer mit Aberglaube, Angst und ehrfürchtigem Staunen verbunden, mit irdischen Maßstäben nicht zu erklären. Im Mittelalter galt das Polarlicht als Zeichen für Hungersnöte, Seuchen und bevorstehende Kriege. Auch in der nordischen Mythologie spielte das Himmelglühen eine große Rolle, als Tanz der Jungfrauen und Walküren, als Kampf der Götter und Geister, aber auch als Botschaft gefallener Krieger an die Lebenden wurde es gedeutet. Heute weiß man, dass Polarlichter auf einer Wechselwirkung des Sonnenwindes mit dem Erdmagnetfeld beruhen, was mit besonders vielen Flecken auf der Sonnenoberfläche einhergeht. Dann werden zahlreiche Röntgenstrahlen und elektrisch geladene Partikel ausgestoßen, die auf das Magnetfeld der Erde prallen und dabei die Polarlichter hervorrufen.

DIE ERSTEN GRÜNEN LICHTSCHIMMER tauchen oft direkt über dem Horizont auf. Zuerst sind sie noch ganz zart, doch plötzlich wird die Farbe intensiver. Es entstehen Schleier, Bögen, Wolken und Wirbel.

## RÄTSELHAFTE BILDER

Zahlreiche ufernahe Felsen mit Felsritzungen, sogenannten Helleristningern, sind im archäologischen Freilichtmuseum von Hjemmeluft bei Alta zu bestaunen. Sie sind zwischen 2500 und 6200 Jahre alt und stellen Tiere, Jagdszenen, Menschen, Boote, Waffen und Muster dar.

DUMONT EXTRA

RENTIERE UND SAMEN

# ACHT JAHRESZEITEN

IM GRENZGEBIET des hohen Nordens treffen drei Kulturen aufeinander: die norwegische, finnische und russische. Vor allem aber ist es das Land der Samen und der Rentiere.

DIE ZAHL DER RENTIERE IN NORDNORWEGEN wird auf gut und gerne 300000 geschätzt, und von allen Hirscharten ist es die einzige, die zu zähmen gelungen ist. So hat die Domestikation des wiederkäuenden Tieres die Lebens- und Wirtschaftsweise der Samen in besonderem Maße geprägt, die Rentiere seit Jahrtausenden züchten.

Man begegnet dem Paarhufer in der Taiga wie im Birkenwaldgürtel, in der Tundra und selbst auf den höchsten Gipfeln ist er im Sommer auf der steten Suche nach Flechten und Moosen unterwegs, wovon ein ausgewachsenes Exemplar täglich immerhin zwischen fünf und acht Kilogramm Trockengewicht benötigt. Natürlich tummelt sich das Rentier auch auf Straßen, und nur ›Greenhorns‹ verfallen dem Fotofieber, wenn ihnen dort Exemplare dieses 60 bis 320 Kilogramm schweren Herdentieres begegnen, bei dem auch die Weibchen ein Geweih tragen. Wie Ausgrabungen erwiesen haben, ist das Rentier seit mindestens 3000 Jahren ein Nutztier der Samen. Doch wird das Ren nicht als Haustier gehalten, sondern streift frei umher. Die damit verbundenen Wanderungen haben zwangsläufig die Lebens- und Wirtschaftsweise der Samen bestimmt, deren Tradition entsprechend nicht vier, sondern ganze acht Jahreszeiten kennt.

Im Frühlingswinter, wenn sich der Schnee über dem Waldboden in eine harte Eisdecke verwandelt, die die Rentiere auf ihrer Futtersuche nicht mehr aufkratzen können, wandern sie zu den Kalbungsplätzen ins Gebirge. Ihr nie versagender Instinkt führt die Tiere dorthin. Die Samen folgen ihnen üblicherweise nachts. Geschlafen wird tagsüber – und bis heute meist in Zelten. Erst bei Erreichen der Kalbungsplätze gegen Ende April wird ein festes Lager errichtet, denn hier bleiben die Herden für mindestens einen Monat. Einst bestand das Lager aus Birkenrinden-Gammen, heutzutage handelt es sich um Blockhütten oder kleine Holzhäuser.

Die Geburt der Kälber leitet Ende Mai den Frühlingssommer ein, Zeit für die Wanderung zu den Sommerweiden im Gebirge, wo im Juli die Markierung der Kälber beginnt. Dann werden alle Tiere mit Eigentumsmarken am Ohr versehen. Auch das Melken nimmt Zeit in Anspruch, während sich Männer und Frauen ansonsten handwerklichen Beschäftigungen widmen, deren Erzeugnisse in Souvenirläden zu betrachten sind. Früher kümmerte man sich in dieser Zeit um Kleidung, Schuhwerk, Packkörbe, Packsättel und vieles andere, was heute nicht mehr benötigt wird.

Der August leitet den Herbstsommer ein, während dem sich die Rentiere in tiefere Lagen zurückziehen. Dort werden sie gegen Ende des Monats zusammengetrieben, denn nun fällt die wichtige Arbeit des Auslesens von Tieren fremder Besitzer und der für die Schlachtung vorgesehenen Rentiere an. Die Restherde wird nun, im Herbst, auf die mit den Kalbungsplätzen des Frühlings identischen Brunftweiden getrieben, wo die Tiere bis gegen Anfang November verbleiben, um sich zu paaren. Längst ist der erste Schnee gefallen, und mit den Gerätschaften, mit denen man im Frühlingswinter angereist war, geht es im Herbstwinter zu den Winterplätzen in der Waldzone zurück, die Schutz und Nahrung für den langen Winter bietet. Auch hier verbrachten die Samen diese Zeit ursprünglich in Zelten oder Gammen, heute meist in festen Unterkünften. Zum Hüten der Tiere, bei dem der Renhund große Hilfe leistet, ist man von Skiern allerdings längst auf Schneescooter umgestiegen.

WAHLBERECHTIGT für das Sami-Parlament sind nur gut 11 000 Norweger, doch mehr als 60 000 fühlen sich als Sami. Ihre bunten Trachten holen sie nur noch an Festtagen aus dem Schrank.

ZU OSTERN wird ausgiebig gefeiert. Neben dem Sami-Grand-Prix finden als große Gaudi auch Rentierrennen statt. Viele Samen tragen zu diesem Anlass ihre bunten Trachten.

GROSSE HERDEN der frei umherziehenden Rentiere bestehen aus bis zu einigen Tausend Tieren.

HANDARBEIT: Nicht nur die bunten Trachten der Samen, sondern auch kunsthandwerkliche Souvenirs für Touristen werden noch handgefertigt.

SEIT JEHER SIND SAMENMESSER tägliche Gebrauchsgegenstände, in aufwendiger Handarbeit nach alter Tradition gefertigt. In der Volksmedizin wird dem Samenmesser auch eine heilende Wirkung zugeschrieben.

NUR NOCH WENIGE SAMEN sind heutzutage Rentierzüchter und auch der Rentierschlitten ist an vielen Stellen schon dem Schneescooter gewichen.

# NORWEGEN AUF EINEN BLICK

## SEHENSWERTES VON A BIS Z | WISSENSWERTES

DUMONT KARTE
S. 124–143
DER HOHE NORDEN
Nordkap
Vardø
Hammerfest
Alta
Finnmarksvidda
Tromsø
Skibotn
Troms
Vesterålen
Lofoten
Svolvær
Narvik
S. 104–123
NORRLAND UND LOFOTEN
Bodø
Mo i Rana
Brønnøysund
S. 92–103
TRONDHEIM
Trondheim
Kristiansund
S. 56–79
WESTNORWEGEN
Ålesund
Oppdal
S. 80–91
FJELLNORWEGEN, OSTNORWEGEN UND TELEMARK
Geirangerfjord
Gudbrandsdalen
Jotunheimen
Sognefjord
Balestrand
Lillehammer
Sørfjord
Bergen
Hardangervidda
Hardangerfjord
S. 18–39
OSLO
Oslo
S. 40–55
SÜDKÜSTE
Heddal-Stabkirche
Åsgårdstrand
Setesdal
Telemark
Stavanger
Lysefjord
Arendal
Kristiansand
Kap Lindesnes

# OSLO

**OSLO** Im Laufe ihrer Geschichte hat die norwegische Hauptstadt mehrfach ihren Namen geändert: Die erste Ansiedlung an dieser Stelle hieß Aslo, was so viel wie ›Ebene der Götter‹ bedeutet. Als das Dorf zu einer Stadt heranwuchs, nannte es sich Oslo, bis der Dänenkönig Christian IV. die Stadt 1624 in Christiania umtaufte – ab 1877 Kristiania geschrieben. Erst 1925 erhielt Oslo wieder seinen alten Namen zurück.

**SEHENSWERT** Nach dem verheerenden Großfeuer 1624 entstand eine neue Stadt nach den Idealen der Renaissance mit schachbrettartig angelegten breiten Straßen und Steinhäusern im Schutz der Festung Akershus. Die mittelalterliche **Akershusslot** am Oslofjord wurde 1637 bis 1648 zum Renaissanceschloss umgebaut. Nicht weit entfernt steht der eher klobige Klinkerbau des **Rathauses**, 1950 zur 900-Jahr-Feier Oslos eröffnet und heute Sitz der Stadtverwaltung und des Stadtparlaments. Bei einem Bummel über Oslos Flaniermeile, die **Karl Johansgate**, kommt man an der **Domkirche** vorbei, die 1697 eingeweiht wurde. Kanzel, Altartafel und Orgelfassade sind noch original (Stortorget 1). Auf dem Weg liegen auch das neugotische **Storting** (1861–1866), das **Grand Hotel**, die **Universität** (1854) und das **Nationaltheater** (1899). Das **Schloss** (Det Kongelige Slott, mit Park) wurde 1824 bis 1848 im Empirestil errichtet (Drammensveien 1). Schon etwas außerhalb des eigentlichen Zentrums liegt das Grün des Frognerparks, dessen bekanntester Teil die **Vigelandanlage** mit rund 200 monumentalen Figuren von Gustav Vigeland (1869 –1943) ist. Das benachbarte **Vigeland-Museum** besteht aus dem Atelier und der Wohnung des Künstlers (Nobelsgate 32). Im Frühjahr 2008 wurde die **neue Oper** im Stadtteil Bjørvika eröffnet, ein 400 Millionen Euro teures Prestigeobjekt.

**BYGDØY** Von den rund 50 Museen in Oslo liegen viele im Grünen auf der Insel Bygdøy. Das **Polarforschungsschiff Fram**, Baujahr 1892, ist im Frammuseet untergebracht. Mit ihm haben Fridtjof Nansen, Roald Amundsen und Otto Sverdrup drei Polarexpeditionen unternommen (Bygdøynes, www.fram.museum.no). Im **Kon-Tiki-Museet** sind von Thor Heyerdahls Expeditionen das Floß Kon-Tiki von 1947 und das Papyrusboot Ra II sowie ein Tigris-Modell zu sehen. Im **Norwegischen Volksmuseum** (Norsk Folkemuseum) stehen rund 140 Bauernhäuser aus ganz Norwegen (Bygdøy, Museumveien 10, www. norskfolkemuseum.no). Im **Seefahrtsmuseum** (Norsk Sjøfartsmuseum) präsentiert sich die Seefahrernation mit Ausstellungen zur Seefahrtsgeschichte, mit maritimer Malerei und einem Panoramafilm über die norwegische Küste (Bygdøy, Bygdøynesveien 37, www.norsksjofartsmuseum.no). Die **Wikingerschiffhalle** (Vikingskipshuset) zeigt drei der weltweit am besten erhaltenen Wikingerschiffe. In ihnen wurden im 9. Jahrhundert Mitglieder von Königsfamilien zusammen mit Tieren und Schmuck beigesetzt, um sie für die Fahrt ins Totenreich zu rüsten (Bygdøy, Huk Aveny 35, www.khm.uio.no/vkingskipshuset).

**MUSEEN IM ZENTRUM** Direkt in Oslo präsentiert das **Historische Museum** (Historisk museum) die Geschichte von den ersten menschlichen Spuren bis ins Mittelalter (Frederiksgate 2, www.khm.uio. no). Die **Nationalgalerie** (Nasjonalgalleriet) ist die größte Sammlung norwegischer und ausländischer Kunst bis 1945 (Universitetsgaten 13, www. nationalmuseum.no). Das **Ibsenmuseet** zeigt das original eingerichtete Arbeitszimmer Ibsens (1828–1906) in seiner Wohnung, die er ab 1895 bewohnte (Henrik Ibsensgate 26). Edvard Munch (1863–1944) war einer der Wegbereiter des Expressionismus und der bedeutendste Maler Norwegens. Er vermachte einen Großteil seiner Werke der Stadt Oslo, die ihm zu Ehren das **Munchmuseum** einrichtete (Tøyengata 53, www.munch.museum.no).

WIKINGERSCHIFF

**UMGEBUNG VON OSLO** Zu den Museen in der Umgebung zählt das **Henie-Onstad-Kunstzentrum**, eine Stiftung der Eiskunstläuferin Sonia Henie und ihres Mannes Nils Onstad. Es zeigt die größte Sammlung moderner Kunst in Norwegen (Sonja Henies vei 31, Høvikodden, www. henieonstad.no). Südlich der Hauptstadt liegen alle Städte in der Nähe des Fjordes, denn er bildet die Lebensader für Wirtschaft und Handel. Die alte Festungsstadt **Fredrikstad** ist ein Schmuckstück: Hier stehen bunte, vom Alter gezeichnete Holzhäuser aus dem 18. Jahrhundert, und es gibt Festungsgräben, Tore und Bastionen. Mitten auf dem Marktplatz steht die Statue des Königs, der der Stadt im Jahr 1567 den Namen gab, daneben als Relikt längst vergangener Zeiten steht der Pranger. Der alte Handelsplatz **Bærums Verk** liegt 15 km westlich von Oslo. Das Museum erinnert mit seinen gusseisernen Öfen an die Eisenhütten aus dem 17. Jahrhundert.

# SÜDKÜSTE

## SEHENSWERTES

GRIMSTAD In dem charmanten Ort sind noch viele der typischen weißen Holzhäuser erhalten. Die Gegend ist von der Sonne verwöhnt, was Obstbäume gedeihen lässt. Auf dem Kirkheia steht die **Holzkirche** (1881), die zweitgrößte Norwegens. Das **Ibsenhaus** in der alten Apotheke mitten in der Stadt ist ältestes (1909 gegründet) und größtes Ibsenmuseum Norwegens.

UMGEBUNG VON GRIMSTAD **Arendal** ist für Holzhäuser verschiedener Epochen bekannt, das Rathaus (um 1845) gilt als einer der größten Holzbauten Norwegens.

KRAGERØ Der im Sommer ziemlich überlaufene Ort liegt am gleichnamigen Fjord. Schon Edvard Munch hatte Kragerø mit den engen Gassen und weißen Holzhäusern geschätzt.
SEHENSWERT Lohnend sind die neugotische **Kragerø-Kirche** und der Aufstieg zum Aussichtspunkt **Steinmannen**. Im Geburtshaus des Zeichners **Theodor Kittelsen** (1857–1914) sind dessen Werke zu sehen (Theodor Kittelsenvei). Das **Berg-Kragerø-Museum** zeigt lokalhistorische Ausstellungen (Lovisenbergveien 45).

UMGEBUNG VON KRAGERØ Östlich liegt die einstige Walfängerstadt **Sandefjord** mit Hvalfangstmuseum. In Åsgårdstrand (35 km nordöstlich) steht das **Haus von Edvard Munch.**

KRISTIANSAND Mit 74 000 Einwohnern ist Kristiansand Norwegens fünftgrößte Stadt und wichtiger Verkehrsknotenpunkt. Die Stadt mit dem zweitgrößten Hafen Norwegens lebt von Handel, Industrie und Tourismus. Kristiansand wurde 1641 vom dänischen König Christian IV. gegründet, der Stadtkern wurde schachbrettartig angelegt. Das Stadtbild wirkt wegen der Steinhäuser nicht norwegisch.
SEHENSWERT Sehenswert ist **Posebyen**, das alte Holzhausviertel am Nordostende der Gyldenløvesgate. 14 gut erhaltene Blöcke niedriger, weißer Holzhäuser mit Innenhöfen und Kopfsteinpflastergassen bilden das größte zusammenhängende Viertel dieser Art in Nordeuropa. Im Zentrum steht die neugotische **Domkirche** (1882–1885) mit dem 70 m hohen Turm. An der Strandpromenade steht die Rotunde der Festung **Christiansholm** (1672). Das **Sørlandets Kunstmuseum** zeigt norwegische Kunst aus dem 19. und 20. Jahrhundert sowie Wechselausstellungen moderner Künstler und Kunsthandwerker (Skippergate 24b). Das **Vest-Agder Provinzmuseum** ist ein Freilichtmuseum (Vigeveien 22b).

MANDAL Die Stadt kam durch Holz- und Fischhandel zu Reichtum. Auch hier blieben schöne Holzhäuser aus dem 18. und 19. Jahrhundert erhalten. Norwegens größte **Holzkirche** von 1821 hat 1800 Sitzplätze. Im Sommer ist der Stadtstrand **Sjøsanden** gut besucht.

UMGEBUNG VON MANDAL Bei Vigeland zweigt die Straße 460 von der E 39 ab und führt durch eine bizarre Landschaft bis zum **Kap Lindesnes**, dem südlichsten Punkt Norwegens.

RISØR Bereits im 15. und 16. Jahrhundert kauften Holländer hier Holz. Am Ausgang von drei Fjorden entstand der Außenhafen. Anfang August kommen zum Holzbootfestival Segelschiffe aus ganz Europa nach Risør.
SEHENSWERT Das **Norwegische Steincenter** hat eine riesige Mineraliensammlung (mit Verkauf, Havnegate 2, E 18). Das **Risør-Aquarium** zeigt die Bewohner der küstennahen Gewässer (Strandgata 14).

STAVANGER Norwegens viertgrößte Stadt (ca. 110 000 Einwohner) war immer vom Meer abhängig. Früher waren der Heringsfang und die Konservenindustrie die wichtigsten Industrien, heute lebt Stavanger vom Öl. Die Boomtown Norwegens hat internationales Flair, ist aber auch am teuersten.
SEHENSWERT Für einen Überblick über das Zentrum bietet sich der **Valbergturm** an (1850–1853). Der **Dom St. Svithun** aus dem 12. Jahrhundert ist der dominierende Bau im Zentrum und gilt mit dem Nidarosdom in Trondheim als bedeutendste Kirche Norwegens. **Alt-Stavanger** besteht aus 170 denkmalgeschützten Holzhäusern aus dem 18. und 19. Jahrhundert. Museen wie das **Stavanger Museum** (Muségate 16), das **Seefahrtsmuseum** (Nedre Strandgate 17) und das **Norwegische Konservenmuseum** (Norsk Hermetikkmuseum, Øvre Strandgate 88) laden zum Besuch. **Ledaal** (1799, Eiganesveien 45) ist ein schönes Empiregebäude der Schriftstellerfamilie Kielland, **Breidablikk** (Eiganesveien 40a) eine Reedervilla im Schweizer Stil. Im neuen **Ölmuseum** wird vermittelt, wie Erdgas und Erdöl entstanden und vor der Küste gefördert werden (Kjeringholmen).

KAP LINDESNES BEI MANDAL

# WESTNORWEGEN

ÅLESUND Die Stadt ist das Zentrum der Region Sunnmøre, ein wichtiger norwegischer Fischereistandort und ein Kleinod der Jugendstil-Architektur. Der Stadtkern, nach 1904 weitgehend neu errichtet, wurde auf mehreren Inseln erbaut.

SEHENSWERT Das **Jugendstilzentrum** befindet sich in einem der schönsten Jugendstilbauten der Stadt, der ehemaligen Svane-Apotheke. Multimediaprogramme, eine Zeitmaschine und verschiedene Ausstellungen erzählen vom großen Brand und der Geschichte des Jugendstils (Apotekergata 16, www.jugendstilsenteret.no). Der Hausberg **Aksla** (189 m) ermöglicht einen Blick über die Stadt, die Inseln und die Sunnmøre-Alpen. 418 Stufen führen vom Stadtpark hinauf. Der **Atlantikpark** ist eines der größten Aquarien Norwegens mit neuer Tiefseeausstellung (Atlantahavsparken, Tueneset, www.atlanterhavsparken.no). Das **Aalesund Museum** widmet sich der Stadtgeschichte (Rasmus Rønnebergsgata 16). **Das Sunnmøre-Museum**, ein Freilichtmuseum, liegt in der Borgundkaupangen-Bucht und ist der Küstenkultur gewidmet (Borgundgavlen, www.sunnmore.museum.no). Das **Fischereimuseum** in einem Speicher von 1861 erzählt die Geschichte der Fischerstadt (Molovegen 10)

ÅNDALSNES Der Ort wurde im Zweiten Weltkrieg stark zerstört, deshalb besteht er aus nüchterner Nachkriegsarchitektur. Attraktiv macht die Stadt ihre Lage am Isfjord und die Nähe zum wilden Romsdal und dem Trollstig.

UMGEBUNG VON ÅNDALSNES Der südöstlich gelegene **Mardalsfoss** ist mit einer Fallhöhe von 297 m der höchste Wasserfall Norwegens. Nur im Sommer wird er für Touristen mit ein wenig Wasser in Betrieb gehalten. Die **Raumabahn** verbindet die Stadt Åndalsnes mit Dombås, wobei der imposanteste Abschnitt durch das Romsdal verläuft. Beim Bau der 114 km langen Bahnstrecke gab es erhebliche Schwierigkeiten mit der Trassenführung. Im Sommer fährt ein Touristenzug die Strecke Åndalsnes–Bjorli und zurück, teils mit Dampflokomotive. In **Stordal** (südwestlich am Storfjorden) ist die barocke Rosenkirche von 1789 besuchenswert. Auf der linken Seite ist das mächtige **Romsdalshorn** nicht zu übersehen, das auf einer leichten Kletterroute bestiegen werden kann. Auf der rechten Seite fällt die **Trollwand** (Trollveggen), die höchste Felswand Europas, ins Auge.

ATLANTIKPARK IN ÅLESUND

BALESTRAND Die Ortschaft liegt idyllisch am Sognefjord und ist von hohen Bergen umgeben. Sie gilt in der Region als Künstlerdorf. Das **Sognefjord Aquarium** liegt am Kai. Vorbild für die 1897 fertiggestellte **St.-Olavs-Kirche** (Nachbau) waren alte norwegische Stabkirchen.

BERGEN Schon 1070 erhielt Bergen die Stadtrechte, im 13. Jahrhundert war es die Hauptstadt Norwegens. Bis 1830 die größte Stadt des Landes, ist Bergen mit rund 230 000 Einwohnern heute nach Oslo die zweitgrößte Stadt Norwegens. Rund 500 Jahre (bis 1764) betrieben hanseatische Kaufleute hier eine ihrer wichtigsten Handelsstationen. Bis heute ist Bergen wichtiger Fisch- und Außenhandelsplatz.

SEHENSWERT Die Häuser des Zentrums gruppieren sich um das Hafenbecken **Vågen**, an dem werktags ein Fischmarkt stattfindet. An einem Ufer liegt **Bryggen,** ein UNESCO-Welterbe, gut zu erkennen an der Front der bunten Holzhäuser. Sehenswert sind auch die einst deutsche **Marienkirche** (ursprünglich 12./13. Jahrhundert, Kanzel aus dem 17. Jahrhundert), die **Håkonshalle**, früher Königssitz (13. Jahrhundert), und der **Rosenkrantzturm**, ein Festungs- und Wohnturm (13. und 16. Jahrhundert). Die Fahrt mit der Standseilbahn auf den **Fløyen** bietet einen Panoramablick auf die Stadt (319 m). Noch spektakulärer ist der Blick vom **Ulriken**, dem höchsten der sieben Berge um Bergen. Das **Bergen Kunstmuseum** zeigt Sammlungen und die Städtische Galerie (Rasmus Meyers Allé 3). Im **Bergen Museum** sind kultur- und naturhistorische Sammlungen untergebracht (Haakon Sheteligsplass 10 und Muséplass 3). Mit der Geschichte der Stadt befasst sich das **Bryggen Museum** nahe der Marienkirche. Das **Hanseatische Museum** vermittelt ein Bild vom kaufmännischen Leben während der Hansezeit (Bryggen).

UMGEBUNG VON BERGEN Die Stabkirche von **Fantoft** (6 km südlich), um 1150 in Fortun am Sognefjord errichtet, wurde originalgetreu rekonstruiert. Am Nordås-See hatte sich der Komponist Edvard Grieg (1843–1907) auf einem kleinen Hügel die **Villa Troldhaugen** gebaut. Die Holzvilla im maurischen Stil des Komponisten und Geigers Ole Bull (1810–1880) steht inmitten herrlicher Landschaft auf der Insel **Lysøen** (25 km südlich).

**FLÅM** Der kleine Ort am **Aurlandsfjord** wird im Sommer jeden Tag von einigen Tausend Touristen, auch wegen der Flåmbahn aufgesucht.

**UMGEBUNG VON FLÅM** Der 18 km lange **Nærøyfjord** ist einer der engsten Fjorde Europas, eine Autofähre befährt die Strecke Gudvangen–Kaupanger–Lærdal.

**GEIRANGERFJORD** Eine der besten Möglichkeiten, einen Blick in den Geirangerfjord zu werfen, ist der Gipfel des 1476 m hohen Aussichtsbergs **Dalsnibba**, auf den eine mautpflichtige Straße führt. Weitere Aussichtspunkte sind der **Flydalsjuvet** und der **Adlerblick** auf der Serpentinenstrecke zwischen Geiranger und Eidsdal

**HAUGESUND** Viele der Einwohner arbeiten in der Erdölindustrie. Das rosafarbene **Rathaus** von 1931 ist das bemerkenswerteste Gebäude der Stadt, die sich als bunte Mischung aus Holzhäusern und modernen Bauten präsentiert. Eines der wichtigsten norwegischen Monumente, der **Haraldshügel**, liegt 1,5 km nördlich. In ihm wurde 930 König Harald Hårfagre (›Schönhaar‹) beigesetzt. Das Monument besteht aus einem zentralen Obelisken, den 29 weitere Steine umgeben. Die **Bildergalerie** gehört zu den größten Norwegens (Erling Skjalgssonsgata 4, www.haugesund-billedgalleri.net).

**JOSTEDALSBRE** Der Gletscher ist mit fast 500 km² Fläche der größte des europäischen Festlandes. Die Eisschicht ist zwischen 100 und 500 m dick. Von den Rändern des relativ ebenen Hochplateaus fließen 25 Gletscherzungen zu Tal. Um den Jostedalsbre herum befinden sich noch viele weitere kleinere Gletscher, weshalb die Norweger das Gebiet ›Heimat der Gletscher‹, Breheimen, nennen. 1991 wurde der Jostedalsbre als Nationalpark unter Schutz gestellt.
SEHENSWERT Das **Breheimzentrum** im Jostedal erinnert an ein umgestülptes Wikingerschiff und ist schon architektonisch interessant. Das Zentrum bietet alles Wissenswerte über den Gletscher Jostedalsbre. Das **Jostedalsbre Nasjonalparksenter** liegt am Strynsvatn bei dem kleinen Ort Oppstryn bei Fosnes auf der Nordseite des Gletschers, angegliedert sind ein Aquarium und ein Botanischer Garten. Das **Norwegische Gletschermuseum** befindet sich in Fjærland, das am Ende des gleichnamigen Seitenarms des Sognefjordes liegt. Vom Museum aus ist es nicht weit zu zwei Gletscherzungen des Jostedalsbre, dem **Bøyabre** und dem **Suphellebre**.

**KINSARVIK** Das kleine Dorf liegt in einer Bucht zwischen Sørfjord und Eidfjord. Es bietet sich für Wanderungen auf die **Hardangervidda** an. Die Kirche wurde um 1160 im romanischen Stil erbaut. Der **Hardanger Ferienpark** ist bei Kindern beliebt.

**UMGEBUNG VON KINSARVIK** Edvard Grieg hat zeitweise in **Lofthus** (südlich) gelebt. Seine Komponistenhütte steht im Garten vom Hotel Ullensvang. Das Hardanger **Folkemuseum in Utne** (nordwestlich) zeigt historische Gebäude und Ausstellungen über Geigenbau, Trachten und Volksmusik. 30 Häuser stehen in **Agatunet** unter Denkmalschutz.

**LYSEFJORDEN** Spektakuläre Ausblicke bieten die Wanderrouten entlang des Lysefjordes. Am Anfang des Fjordes informiert in Oanes das **Lysefjordcenter** über die Region. Ausflugsboote fahren mehrmals täglich von Stavanger bis zum Fuß des **Prekestol** und zum Ende des Fjordes.

**ODDA** Vor rund 100 Jahren war Odda wegen seiner Lage am Sørfjord noch ein beliebtes Reiseziel, wo sogar der deutsche Kaiser Wilhelm II. vorbeischaute. Doch dann nahmen der Ausbau der Wasserkraft und die Industrialisierung dem Ort den Charme.

**UMGEBUNG VON ODDA** Über eine 400 m lange Wassertreppe stürzt der **Låtefoss** von der Hardangervidda zu Tal (15 km südlich). Der **Folgefonn-Gletscher** ist der drittgrößte Gletscher Norwegens. Von Odda führt eine 6 km lange Straße zu einem Gehöft, Ausgangspunkt der rund einstündigen Wanderung zur Gletscherzunge. Von Jondal führt eine Straße zum Folgefonn-Sommerskigebiet.

**SKUDENESHAVN** Der Fischerort auf der Insel Karmøy entstand vor knapp 200 Jahren und ist eine der bestbewahrten Kleinstädte Norwegens. Das Museum **Mælandsgården** besteht aus einer Kaufmannswohnung mit Geschäft, Packhaus und Werkstatt.
Aus der **Grube von Visnes** stammt das Kupfer der Freiheitsstatue in New York. Im Museum wird dem Besucher die Geschichte des Kupferbergwerks gezeigt.

HAFEN IN SKUDENESHAVN

# FJELLNORWEGEN, OSTNORWEGEN UND TELEMARK

BEITOSTØLEN Die Hüttensiedlung liegt auf 900 m Höhe am Südrand Jotunheimens. Im Sommer ist der Ort ein guter Ausgangspunkt für Wanderungen im Gebirge. Auf den Seen **Bygdin** und **Gjende** verkehren Boote, die Wanderer mitten in den Nationalpark Jotunheimen bringen. Im Winter gilt Beitostølen als guter Wintersportort. Schon vom Ort aus ist das markante **Bitihorn** zu sehen (1608 m), dessen Gipfel auf einem einfachen Wanderweg in drei bis vier Stunden zu erreichen ist.

BORGUND Der kleine Ort im Lærdal ist durch seine **Stabkirche** bekannt. Sie befindet sich an der E 16 zwischen Fagernes und Sogndal. Die Stabkirche wurde um 1150 vollständig aus Holz erbaut und ist nach der von Urnes die zweitälteste Norwegens.

DOMBÅS Der Ort ist Dienstleistungszentrum und Verkehrsknotenpunkt zwischen Rondane, Westnorwegen und dem Dovrefjell. Im **Trollpark** kann man alles über Trolle erfahren.

UMGEBUNG VON DOMBÅS Die **Fokstumyra** ist ein Moor südlich zwischen Dovre und Hjerkinn direkt an der E 6. Das **Dovrefjell** bildet den nördlichsten Gebirgszug Fjellnorwegens. Der höchste Berg des Dovrefjell ist die **Snøhetta** (2286 m).

EVJE Evje ist das Zentrum des südlichen Setesdal. Im **Setesdal Mineralpark** sind farbenprächtige Mineralien zu besichtigen.

UMGEBUNG VON EVJE In **Rysstad** lohnt das Setesdalmuseum wegen seiner kulturhistorischen Sammlungen einen Besuch. Die Hütten- und Hotelsiedlung **Hovden** liegt oberhalb der Einmündung der Otra in das Hartevatnet.

FAGERNES Der vielbesuchte Hauptort des Valdrestales (130 km nördlich) ist wegen seiner Lage an der Mündung des Neselv in den See Strandefjord bei Sportanglern beliebt.

GEILO Der Ort ist das Nordtor zur **Hardangervidda.** Von den rund 9000 km² ist ein Drittel als Nationalpark geschützt. Auf der Hardangervidda gibt es keine Straßen und Ansiedlungen, die einzige Infrastruktur besteht aus etwa 1200 km Wanderwegen und 35 Berghütten.

UMGEBUNG VON GEILO Sehenswerte Stabkirchen stehen in **Torpo** (40 km östlich) und **Hol** (16 km nördlich). Der 182 m hohe **Vøringfoss** ist im Måbødal.

HAMAR Schön ist die Lage am Ostufer des Sees **Mjøsa**, der in den 15 km langen Furnesfjord übergeht. Größte Attraktion und Wahrzeichen ist die **Olympiahalle**, das ›Vikingskip‹. Außerhalb der Stadt liegen auf der Halbinsel Domkirkeodden das **Freilichtmuseum** mit 55 historischen Gebäuden aus der Region Hedmark und die Ruine der **Hamarer Domkirche** (12. Jahrhundert). Daneben steht das **Jernbanemuseum**, das an Zeiten erinnert, als es auf den Loks noch Heizer gab.

UMGEBUNG VON HAMAR Das kleine **Eidsvoll** am Südende des Mjøsasees ist für Norweger ein Nationalmonument, denn in dem alten Gutshof von Eidsvoll Verk wurde 1814 die Verfassung ausgearbeitet und am 17. Mai unterzeichnet. Seitdem ist dieser Tag Nationalfeiertag (Carsten Ankers vei).

KONGSBERG Um 1770 erreichte der Bergbau hier seinen Höhepunkt. Die 1761 geweihte **Kirche** von Kongsberg ist mit Platz für 2000 Menschen Norwegens größte und am besten erhaltene Barockkirche. Beim Wasserfall befinden sich das **Bergwerksmuseum** und die **Königliche Münze**.

LILLEHAMMER Der Austragungsort der Olympischen Winterspiele 1994 ist sommers wie winters das größte Touristenzentrum im Gudbrandsdal mit den drei schneesicheren Skigebieten Hafjell, Kvitfjell und Skeikampen. SEHENSWERT Der **Olympiapark** nahe dem Zentrum bildet das Herz des Olympiageländes. Die **Håkon-Halle** ist eine Mehrzweckhalle. Von beiden **Olympiaschanzen** hat man einen schönen Blick auf Lillehammer und das Gudbrandsdal. Noch besser ist die Aussicht vom Turm der Großschanze, zu der 954 Stufen und ein Lift hinaufführen. Die **Olympische Bob- und Rodelbahn** in Hunderfossen ist 1710 m lang und schlängelt sich in 16 Kurven zu Tal. Im **Norwegischen Olympischen Museum** können Besucher die Winterspiele von 1994 Revue passieren lassen. Im **Lillehammer Kunstmuseum** sind Werke bekannter Norweger zu sehe. Der moderne Bau wurde vom Architektenbüro Snøhetta entworfen.

UMGEBUNG VON LILLEHAMMER **Sjusjøen** und **Nordseter** sind ehemalige Almen (800 bis 900 m) mit Wanderwegen und Loipensystem. Der **Familienpark Hunderfossen** bietet rund 50 Sehenswürdigkeiten (www.hunderfossen.no). Ein paar Kilometer nördlich ist in Øyer das kleine **Lilleputthammer** zu finden.

LOM Der Ort am Nordrand des Jotunheimen ist ein Verkehrsknotenpunkt und Touristenzentrum. Er bietet wegen seiner alten und neuen Holzhäuser ein recht harmonisches Bild. Schon von Weitem ist die große, dreischiffige **Stabkirche** aus dem 12. Jahrhundert zu sehen, die trotz Umbauten und Erweiterungen zu den schönsten Kirchen Norwegens zählt.

**UMGEBUNG VON LOM** 10 km östlich ist in **Garmo** das Geburtshaus Knut Hamsuns zu besichtigen. **Jotunheimen** sind die Alpen Norwegens mit den höchsten Bergen Skandinaviens. Der 1140 km² große **Jotunheimen-Nationalpark** bildet den Kern des Gebirges. Im Südosten des Nationalparks liegt der durch »Peer Gynt« bekannte **Beseggengrat**. Das **Hurrungane** bildet den südwestlichen Fortsatz.

**NOTODDEN** Die Stadt ist von einer langen Industriegeschichte geprägt. **Hydros Bedriftshistoriskesamling** dokumentiert die Entstehung des Konzerns (an der E 134). Die **Stabkirche von Heddal** (5 km westlich) ist mit einer Länge von 24 m und einer Breite von 14 m die größte und bekannteste der 25 noch erhaltenen Stabkirchen Norwegens. Der dreischiffige Bau wurde im 12. Jahrhundert begonnen und erhielt wohl 100 Jahre später seine heutige Form. Das fünfstöckige Dach und die Fassade sind mit Holzschindeln belegt, je nach Alter der letzten Teerung entweder honigfarben oder fast schwarz. Mehrere Türen sind mit Ranken- und Tierornamenten verziert, im Innern sind Rosenmalereien zu sehen. Aus dem Mittelalter stammen der Bischofsstuhl mit Szenen aus der Sigurd-Sage und das Taufbecken. In der Scheune des Pfarrhofes gibt es eine Ausstellung über die Stabkirche, und nicht weit entfernt liegt das **Freilichtmuseum von Heddal** mit einer Sammlung alter Häuser aus der Provinz Telemark (Heddalsvegen). **Bø Sommarland**, ein Freizeitpark mit Wasserangeboten, hat sich zu einer der größten Sehenswürdigkeiten Telemarks entwickelt (40 km südwestlich, www.sommarland.no).

SENNHÜTTE IM JOTUNHEIMEN

**OTTA** Der Ort ist seit jeher ein Verkehrsknotenpunkt im oberen Gudbrandsdal.

**UMGEBUNG VON OTTA** 14 km nördlich liegt der Mittelalterhof **Jørundgård**, der 1994 als Kulisse zur Verfilmung der Romantrilogie »Kristin Lavransdatter« von Sigrid Undset rekonstruiert wurde. Durch das Tal fließt die **Sjoa**, einer der besten Wildwasserflüsse Norwegens. Der westlich im Ottadal gelegene Ort **Vågå** hat schöne alte Gehöfte und ein kleines Freilichtmuseum. Das **Rondanegebirge** ist zwar klein, besitzt aber trotzdem zehn Gipfel, die über 2000 m hoch sind.

**RJUKAN** Der Ort verdankt seine Existenz der Norsk Hydro und seinem Wasserkraftwerk, einer Wasserstoff- und einer Chemiefabrik. Die Kabinenseilbahn bringt Wanderer und Skiläufer auf knapp 900 m. Das **Industriearbeitermuseum Vemork** im alten Kraftwerk dokumentiert die Veränderungen Norwegens zur Zeit der Industrialisierung.

**RØROS** Der größte Ort im Østerdal existiert dank den 1644 erschlossenen Kupfervorkommen der Gegend. Die Altstadt ist Teil der UNESCO-Liste.

SEHENSWERT Die Stadt am Fluss Hitterelv zählt mit ihren bunten **Holzhäusern** und der

DETAIL DER STABKIRCHE VON HEDDAL

**steinernen Kirche** (1784) zu den schönsten des Landes. Das Gelände des ehemaligen **Kupferbergwerks** dehnt sich auf 6000 km² aus. Das **Rørosmuseum** am Malmplassen zeigt an vielen Modellen die Verhüttung des Kupfers (Smelthytta).

**UMGEBUNG VON RØROS** Die **Olavsgruva** (13 km östlich) ist das einzige Bergwerk, das für Besucher geöffnet ist. Die Führung geht bis in eine Tiefe von 50 m und 500 m weit in den Berg hinein.

**SKIEN** Skien ist seit jeher ein wichtiger Handels- und Industrieort mit einer großen Papierfabrik. Der **Brekkepark**, das Bezirksmuseum Telemarks, ist im Stil eines englischen Landschaftsgartens angelegt (Øvregata 41).

**UMGEBUNG VON SKIEN** In **Venstøp** wurde Henrik Ibsen geboren. Das Museum zeigt alles Wissenswerte über den Schriftsteller (Venstøphøgda 74). Die Oldtimerschiffe Victoria und Henrik Ibsen fahren von Mitte Juni bis Mitte August im täglichen Wechsel auf dem **Telemarkkanal** (www.telemarkreiser.no).

# TRONDHEIM

TRONDHEIM Die historische Metropole ist dank ihrer malerischen Bausubstanz eine der sehenswertesten Städte von Norwegen. Gegründet wurde Trondheim 997 von Wikingerkönig Olav I. (Olav Tryggvason), der von hier aus die Christianisierung weiter Landesteile durchführen ließ. Sein Nachfolger, Olav II. (Olav Haraldsson), wurde als Märtyrer heiliggesprochen, und in der Folge stieg die Residenz (bis 1299) zum berühmtesten Wallfahrtsort des Nordens auf. 1152 wurde die Stadt Sitz des norwegischen Erzbischofs. Über Jahrhunderte waren Holzhandel und Landwirtschaft Wachstumsgaranten, bis es ab Beginn der Industrialisierung und dem beginnenden Eisenbahnbau (1877) rasant bergauf ging. Heute ist Trondheim einer der wichtigsten Industriestandorte, mit rund 166 000 Einwohnern drittgrößte Stadt Norwegens und wichtigste Universität des Landes.

SEHENSWERT Die meisten wichtigen Sehenswürdigkeiten finden sich auf der Halbinsel Øra und können gut zu Fuß besichtigt werden. Höhepunkt ist der ab 1152 errichtete und an seinem hohen Vierungsturm unverkennbare **Nidaros-Dom** (nach Bränden 1869–1930 wiederhergestellt) an der Bispegate, das bedeutendste gotische Architekturdenkmal in ganz Skandinavien (www.nidarosdomen.no). Benachbart beeindruckt der teils noch aus dem 12. Jahrhundert stammende **Erzbischöfliche Palast** (Erkebispegården). Der Stadtpalast **Stiftsgård** (um 1770) dient dem norwegischen Königshaus bei Trondheim-Besuchen als Unterkunft. Die hölzerne Konstruktion der neugotischen **Gamle Bybrua** (1861) führt über den Nidelv und bietet einen guten Blick auf die auf Pfählen im Fluss stehenden Speicherhäuser der **Brygge** (18./19. Jahrhundert). Am jenseitigen Flussufer erstreckt sich das malerische Holzhausviertel Møllenberg, überragt von der 72 m hoch gelegenen **Festung Kristiansten**, von deren im 17. Jahrhundert aufgetürmten Wällen aus man ein beeindruckendes Stadtpanorama genießt.

Das **Palastmuseum** im Erzbischöflichen Palast gilt als eines der besten Museen Norwegens und zeigt u. a. die Reichsinsignien und die Kronjuwelen (www.nidarosdomen.no/erkebispegarden). An der Bispegate 7b lädt mit dem **Kunstmuseum** die drittgrößte Sammlung norwegischer Bildkunst des Königreiches ein (www.tkm.museum.no). Weiter westlich bietet das **Wissenschaftsmuseum** Sammlungen zu Natur, Archäologie und Geschichte (Erling Skakkesgate 47, www.vitenskapsmuseet.no).

UMGEBUNG VON TRONDHEIM Vor den Toren der Stadt lädt an der Sverresborgallé das **Trøndelag Folkemuseum,** ein Freilichtmuseum, zu einem kulturhistorischen Spaziergang ein (www.sverresborg.no). Eine schöne Aussicht auf Trondheim und den Trondheimsfjord genießt man von der weiter nördlich im Fjord gelegenen Insel **Munkholmen**, im 16. Jahrhundert zur Festung ausgebaut und heute u. a. auch als Badeplatz beliebt (www.munkholmen.no).

GRONG Seit fast 200 Jahren genießt das Städtchen am Südrand des Namsdal höchstes Ansehen bei Lachsanglern. Am südlich Ortsrand bildet die Sanddøla den eindrucksvollen Wasserfall **Tømmeråsfoss**.

UMGEBUNG VON GRONG Den idyllischen **Fiskevägen** (R 74, www.fiskevagen.com) muss man, an den beiden Nationalparks Blåfjella-Sjkærefjella und Lierne vorbei, einfach mal befahren haben. Dichtere, wildere Wälder finden sich kaum im hohen Norden. Die Sanddøla bildet den über 30 m hohen Wasserfall **Formofoss** (Fußweg zum Aussichtspunkt).

MUSEUM NORVEG IN RØRVIG

12 km nördlich von Grong beeindruckt der rund 34 m hohe **Fiskumfoss** mit Lachstreppe.

NAMSOS Das vorgelagerte ›Tausend-Insel-Reich‹ der Namsdal-Küste ist nur eine kurze Bootsstrecke entfernt, die weiten Wälder im Rücken sind zum Wandern und Paddeln prädestiniert.

Das **Namsdalsmuseum** zeigt 15 historische Gebäude und kulturhistorische Exponate. Hauptattraktion stellt ein zwölfruderiges Nordlandboot dar (Kjærlighetsstien 1).

RØRVIG Nicht weniger als 6000 Inseln und Schären sowie 2460 Küstenkilometer lassen sich im Umfeld von Rørvik zählen. Die Vikna-Gemeinde profitiert seit jeher von der Lage am stark befahrenen Nærøysund, dem ›Tor zum Norden‹.

SEHENSWERT Speicherhäuser aus dem 19. Jahrhundert bilden am Anlegesteg der Stadt einen Blickfang.

Für seine spektakuläre Architektur wurde das **Norveg-Museum** ausgezeichnet. Die vorbildliche Ausstellung verlockt zu einer Zeitreise durch 10 000 Jahre Küstengeschichte (Strandgate7, www.norveg.org).

# NORRLAND UND LOFOTEN

**ANDØY** Die nördlichste Insel der Vesterålen trägt dank ihrer sanft konturierten Berge und schneeweißen Sandstände das Prädikat ›wander- und familienfreundlich‹ und ist Ausgangspunkt für Walsafaris. Hauptort des rund 488 km² messenden Eilandes ist Andenes (3000 Einwohner).
SEHENSWERT Der 40 m hohe und 1859 in Dienst gestellte **Leuchtturm von Andenes** kann über 148 Stufen bestiegen werden (www.fyr.no). **Bleikstranda** (10 km südwestlich, www.bleik.no) zählt zu den schönsten Sandstränden des Königreiches.
Das **Hvalsenter** neben dem Leuchtturm ist eine der größten Ausstellungen über Wale in Europa (www.whalesafari.no). Das benachbarte **Nordlichtzentrum** zeigt Aurora borealis im Spiegel von Physik, Mythologie und Kunst (Nordlyssenteret), angrenzend das Naturzentrum Hisnakul (www.hisnakul.no).

**AUSTVÅGØY** Die größte Lofoten-Insel (477 km²) ist landschaftlich die abwechslungsreichste. 1000 Jahre Zentrum der Lofot-Fischerei lebt die Insel heute mehr als alle anderen Inseln vom Tourismus. Dessen Zentren sind die Hauptstadt **Svolvær** (4300 Einwohner), die ehemalige Lofoten-Metropole **Kabelvåg** (2000 Einwohner) und **Henningsvær** (500 Einwohner), berühmtestes Fischerdorf von ganz Norwegen.
SEHENSWERT Höhepunkt in Svolvær ist die am Hurtigrutenkai gelegene Eisgalerie und -bar **Magic Ice** (www.magic-ice.no). In Kabelvåg ist die wegen ihrer Größe auch **Lofoten-Kathedrale** genannte Kirche sehenswert (1898). In Svolvær zeigt das auf Svinøya gelegene **Nordnorwegische Künstlerzentrum** wechselnde Gemäldeausstellungen (Nordnorsk Kunstnersenter, www.nnks.no). Storvågan, die Keimzelle von Kabelvåg, ist Sitz des **Lofoten-Museums** (www.lofotmuseet.no) mit der angrenzenden **Galleri Espolin**, die Werke des Malers Kaare Espolin Johnson (1907–1994) zeigt (www.galleri-espolin.no) sowie dem **Lofoten-Aquarium** (www.lofotakvariet.no). Attraktionen in Henningsvær sind die **Galleri Lofoten Hus** mit der umfangreichsten Kunstsammlung Nordnorwegens (www.galleri-lofoten.no) und das Forschungszentrum **Ocean Sounds** (Hellandsgata 63, www.oceansounds.com).

**BODØ** Die Hauptstadt (45 000 Einwohner) von Norrland ist Start- und Endpunkt der Küstenstraße R 17, außerdem Sprungbrett zu den Lofoten. Vom rund 3 km vom Zentrum entfernten, 150 m hohen **Rønvikfjell** genießt man ein Traumpanorama auf Stadt, Küste, Vestfjord und bis zu den Lofoten. Vom 2. bis 10. Juli kann man hier sehr gut die Mitternachtssonne beobachten.
Das **Norwegische Luftfahrtmuseum** informiert über die Geschichte der zivilen und militärischen Luftfahrt (Norsk Luftfartsmuseum, www.luftfart.museum.no). Das **Salten Museum** erhellt die Geschichte der Region und den Alltag der Fischer (Prinsensgate 116, www.saltenmuseum.no)

**UMGEBUNG VON BODØ** Der **Saltstraum** (33 km südöstlich) ist der stärkste Gezeitenstrom. Alle 6 Stunden schießt das Wasser durch eine 150 m breite Sundenge (Saltstraumen-Erlebniszentrum).

**BRØNNØYSUND** Das 4500-Einwohner-Küstenstädtchen liegt in der geografischen Mitte Norwegens und zeigt sich als Fischerei- und Dienstleistungszentrum. Der nahe **Archipel von Vega** darf sich mit dem Welterbetitel schmücken.
SEHENSWERT Südlich vom Stadtzentrum wölbt sich eine 550 m lange **Bogenbrücke** über den Sund, unter der der südgehende **Hurtigruten-Dampfer** hindurchstampft. Der 260 m hohe **Torghattan** liegt 15 km südlich, kann umwandert und bestiegen werden.

**HAMARØY** Tiefe Fjorde, steile Felsen und Holmen und Schären sind die Merkmale dieser Halbinsel, auf der Knut Hamsun (1859–1952) seine Jugendjahre verlebte. Der Schriftsteller erhielt mit dem **Hamsun Center** auch architektonisch ein sehr interessantes Museum.

**UMGEBUNG VON HAMARØY** Die R 81 zwischen Ullsvåg an der E 6 und dem Fährhafen Skutvik bietet atemberaubende Eindrücke. Ebenso die Stichstraße zur Leuchtturminsel **Tranøy**, an deren Ende der 1864 erbaute Tranøy Fyr steht: Aus 28 m Höhe geht der Blick bis zur Lofotenwand (Tranøy Fyr, www.tranoyfyr.no). Der 1392 m hohe **Stetind** wurde zu Norwegens Nationalberg erklärt.

**LANGØY** Die mit 860 km² Fläche drittgrößte Insel Norwegens ist Hauptinsel der Vesterålen, wird durch Fjorde nahezu zerschnitten und bietet landschaftliche Vielfalt. Hauptstadt und Zentrum der gesamten Inselgruppe ist das 5000 Einwohner zählende **Sortland.**
SEHENSWERT 9 km nördlich Sortland ist mit **Jennestad** einer der ehemaligen größten Handelsplätze in Norrland zu finden. Rund 55 km nordwestlich liegt die seit 1972 verlassene Geisterstadt **Nyksund**, einst zweitgrößter Fischerort der Gegend. Heute leben wieder 10 Einwohner fest auf der Insel und vermieten Sommerdomizile.
Das **Hurtigruten-Museum** informiert über die untrennbar mit Norwegen verbundene Schifffahrtsgesellschaft. Dazu gehört, aufgedockt, die 1956 gebaute Finnmarken (Stokmarknes / Hadseløya, Markedsgate 1, www.hurtigrutemuseet.no).

MO I RANA Das ›Tor zum Polarkreisland‹ ist durch den **Svartisen-Gletscher** bekannt. Die Industriestadt selbst ist weniger reizvoll, bietet sich aber als Standquartier an.

UMGEBUNG VON MO I RANA Rund 10 km nördlich ist an der E 6 der Weg zur **Grønligrotte** ausgeschildert, einzige beleuchtete und meistbesuchte Höhle Skandinaviens (www.gronligrotta.no). Nahebei ist die **Setergrotte** mit beeindruckenden Felshallen (www.setergrotta.no). 80 km nördlich durchschneidet die E 6 den **Polarkreis**. An dieser magischen Schwelle lädt das **Polarkreiszentrum** zu einer Multivisionsschau über hoch nördliche Natur ein (www.polarsirkelsenteret.no). Das tief eingeschnittene **Saltdal** (130 km nördlich) zeigt sich extrem: Hochgebirge, wilde Schluchten, Meer, liebliche Wälder, Felder und Wiesen. Dass hier überhaupt Straßen existieren, wundert – sie wurden während des Zweiten Weltkriegs im Wortsinn mit dem Blut Tausender Kriegsgefangener errichtet. Das **Norrland-Nationalparkzentrum** nördlich vom Saltfjell an der E 6 informiert über die Nationalparks und Naturschutzgebiete in Norrland (www.nordlandnasjonalparksenter.no). In der Nähe klafft die etwa 4 km lange Klamm **Junkerdalsura**.

MOSJØEN Die Industriestadt bietet die größte Ansammlung traditioneller Holzhäuser Nordnorwegens, im Umland lockt die Taiga. Mosjøen lebt von Holzverarbeitung und einer Aluminiumhütte.
SEHENSWERT Die etwa 100 unter Denkmalschutz stehenden Wohn- und Speicherhäuser, Boots- und Lagerschuppen der **Sjøgata** zeigen sich als Lebendes Museum. In einem der ältesten Speicherhäuser, der Jacobsbrygga, hat das **Vefsnmuseum** eine stadthistorische Ausstellung eingerichtet.

MOSKENESØY & FLAKSTADØY Auf beiden Inseln zeigt sich die Bergnatur der Lofoten in spektakulären Formen. Touristische Zentren dieser Westlofoten sind Reine auf Mosknesøy (120 km²) und Ramberg auf Flakstadøy (180 km²).
SEHENSWERT Der Kirkefjord bei **Reine**, Norwegens wohl schönstem Fischerdorf, gilt vielen als attraktivster des hohen Nordens. Die blendend weißen Strände von **Ramberg** und **Flakstad** vor bis in den Juni schneebedeckten Bergen begeistern. Malerisch präsentiert sich die feuerrote **Kreuzkirche** Flakstads (1783), Höhepunkt von Flakstadøy ist jedoch das ehemalige Fischerdorf **Nusfjord.**
In Å ganz im Süden zeigt das **Norwegische Fischereisiedlungsmuseum** in 23 Gebäuden (19. Jahrhundert) auch Trankocherei, Schmiede und Salzerei (Norsk Fiskeværsmuseum, www.lofoteninfo.no/nfmuseum).

NARVIK Die Lage der Erzstadt am bergumstandenen Ofotfjord ist beeindruckend. Die Geschichte des Ortes begann 1883 mit dem Bau der Erzbahn. Die Stadt in Schutt und Asche zu legen war 1945 Hintergrund der Aktion ›Verbrannte Erde‹ beim Rückzug der Deutschen Wehrmacht.
SEHENSWERT Meistfotografiertes Objekt in Narvik ist der gegenüber vom Kriegsgedenkmuseum aufgerichtete, übergroße Wegweiser. Es grenzt gleich die Stadtbrücke an, von deren Höhe aus man die gewaltige **Erzverladeanlage** im Blick hat, die weltweit größte und modernste. Augenschmaus ist der Blick von der 650 m hoch auf dem **Fagernesfjell** gelegenen Bergstation der Seilbahn (Fjellheisen, www. narvikfjellet.nor). Das **Ofoten-Museum** informiert über die Stadtgeschichte und den Bau der Erzbahn Kiruna–Narvik von 1898 bis 1902 (Administrasjonsveien 3, www.ofoten. museum.no). Das **Kriegsgedenkmuseum ist** der deutschen Besatzungszeit während des Zweiten Weltkrieges gewidmet (Krigsminne museet, Torget, www.warmu seum. no).

SANDNESSJØEN Im Nordmeer gelegene Archipele laden zu Robinsonaden ein. Das Städtchen ist Ausgangspunkt für die ›Landschaft unter dem Polarkreis‹ und dank der Erdölexploration unlängst zu Wohlstand gekommen.
Eingebettet in eine liebliche Wald-, Wiesen-, Moor- und Strandlandschaft liegt etwa 20 km südlich das Dorf Alstahaug, wo das **Peter-Dass-Museum** an den Pfarrer und Dichter erinnert (1647–1707), dessen »Nordlands Trompet« als eines der ersten Werke norwegischer Literatur gilt.

UMGEBUNG VON SANDNESSJØEN Zwischen Sandnessjøen und Alstahaug geht es an der sagenumwobenen Bergkette **De sju søstre** entlang. Draußen im Meer beeindruckt die über 800 m hoch aufragende **Insel Dønna** u. a. mit ihrem Panorama vom Nordwestkap aus.

VESTVÅGØY Schönere Strände als auf der zweitgrößten Insel des Archipels findet man kaum im Norden. Hinter zackenstarrenden Felsküsten liegt ein landwirtschaftliches Zentrum Nordnorwegens. Hafenort und Fischereizentrum ist das 1400 Einwohner große **Stamsund.**
SEHENSWERT Entlang dem Vestfjord verläuft die Traumküstenstraße R 815. **Eggum** im Westen ist bei Mittsommersonnen-Anbetern bekannt. Das Trogtal von **Unstad** läuft in einen herrlichen Strand aus. Die größte Attraktion von Insel und Archipel ist aber der Strand von **Haukland, Utakleiv** benachbart, das ebenfalls ein herrliches Gestade vorweisen kann.

# DER HOHE NORDEN

ALTA Der Ort mit über 15 000 Einwohnern ist ein idealer Ausgangspunkt für Ausflüge in das ›Nordkapland‹ und auch in die Finnmarksvidda, die, schon seit über 6000 Jahren bewohnt, als Wiege der Menschheit im hohen Norden gilt. Die im Westen an der E 6 gelegenen **Helleristninger von Hjemmeluft** sind UNESCO-Welterbe. Es handelt sich um ca. 3000 Felsritzungen, die vor 3000 bis 6200 Jahren entstanden und durch einen 5 km langen Pfad erschlossen sind (www.alta.museum.no).

GAMVIK Auf Nordkinnhalvøya ist Europas nördlichster Festlandspunkt zu finden. Das **Gamvik Museum** 71° Nord informiert über Fundstätten aus der Steinzeit auf Nordkinnhalvøya und über die Küstenkultur.

UMGEBUNG VON GAMVIK **Kinnarodden,** nördlichster Festlandspunkt von Europa mit den geografischen Koordinaten 71° 08′ 01″, kann vom 20 km entfernten Mehamn aus auf Wanderungen oder per Boot erreicht werden. Westlich ragt am Fjord der wie eine Kirche geformte **Finnkirka**, eine Klippe, auf.

HAMMERFEST Ein Besuch der nördlichsten Stadt der Welt gilt in Touristenkreisen als ein Muss. Neueste Wachstumsimpulse verdankt die Stadt Erdöl und Erdgas. Jüngstes Kind dieses Booms ist die größte Erdgasverflüssigungsanlage der Welt.
SEHENSWERT Glanzstück ist vor allem die Aussicht über die Stadt mit ihren bunten Häusern und den Fjord vom 86 m hoch gelegenen Aussichtspunkt **Salen**, zu dem der ausgeschilderte Hammerfest-Panoramaweg führt.
Meistbesuchte Sehenswürdigkeit der Stadt ist der **Eisbärenclub**, in dem eine Sammlung arktischer Exponate zu betrachten ist sowie eine Multimediashow zu den Themen ›Eisbärentraum‹ und ›Winternachtstraum‹ (Isbjørnklubben, Havnegata 3, www.isbjornklubb.no). Das **Wiederaufbaumuseum** informiert über die Geschehnisse im Zweiten Weltkrieg und den Wiederaufbau (Gjenreisningsmuseet, Kirkegata 21, www.gjenreisningsmuseet.no).

HARSTAD Die Stadt gilt neben Tromsø als wichtigstes Handels- und Verkehrszentrum der Provinz, ist aber auch kulturhistorisch von Bedeutung. Nördlich des Stadtzentrums steht die schlichte **Trondeneskirke** (um 1250), im Mittelalter bedeutendste Kirche nördlich von Trondheim. Nahebei lädt das **Trondarnes Historiske Senter** zu einem Gang durch die norwegische Geschichte (Trondenesveien 122, www. tdm.no).

HAVØYSUND Weltende-Gefühle liegen hier in der Luft, und die umgebende Tundralandschaft der Porsanger-Halbinsel und der mehr als 300 vorgelagerten Inseln und Holmen fügt sich so recht ins Stimmungsbild ein. Havøysund ist Zentrum der Gemeinde, die vom Fischfang lebt.

KARASJOK Die inoffizielle Hauptstadt des Samenlandes ist Sitz des norwegischen Samen-Parlamentes sowie des bedeutenden Museums für samische Kultur. Das Osterfestival genießt einen hohen Stellenwert. Das **Nationalmuseum für samische Kultur** beherbergt mehr als 5000 Exponate (Sámiid Vuorká Dávvirat, www.rdm.no).

KAUTOKEINO Das Zentrum der flächenmäßig größten (9700 km²), überwiegend von Samen bewohnten Gemeinde Norwegens ist Sitz zahlreicher samischer Institutionen. Im Umland von Kautokeino gibt es noch etwa 100 000 Rentiere, die einem Großteil der Menschen hier das Auskommen sichern.

BLICK AUF HARSTAD

SEHENSWERT Mitten im Ort liegt das **Freilichtmuseum.** Im angeschlossenen **Kulturhaus** kann man samisches Kunsthandwerk erstehen (Guovdageainu Gillisillju).

KIRKENES An der grauen Barentssee liegt der Umkehrpunkt der Hurtigruten-Linie. Diese ist alles andere als ein Außenposten der Zivilisation. Kaum 10 km trennen den Ort von Russland, nur 35 km sind es nach Finnland.
SEHENSWERT Vom **Prestfjell** aus ergibt sich ein weiter Blick über Stadt und Fjord. Etwa 1 km außerhalb lädt das **Grenzlandmuseum** zu einem Gang durch die wechselvolle Geschichte von Stadt und Grenzgebiet ein (Grenselandmuseet, Førstevannslia, www.sor-varanger.museum.no). Im angeschlossenen **Savio Museum** werden Arbeiten des samischen Künstlers John Savio (1902–1938) ausgestellt. In der **Andersgrotte** im Stadtzentrum – im Zweiten Weltkrieg Schutzraum der Bevölkerung bei über 300 Bombenangriffen – wird u. a. ein Film über die hiesige Kriegsgeschichte gezeigt (www.andersgrotta.no).

MAGERØY Das Nordkap mit den geografischen Koordinaten 71° 10′ 21″ nördliche

Breite ist Jahr für Jahr Ziel der Ziele für Touristen aus aller Herren Länder. Zentralort auf der durch einen Tunnel mit dem Festland verbundenen Insel Magerøy ist Honningsvåg. Dort, wie überall auf der ›mageren Insel‹, ist alles auf den Fremdenverkehr eingestellt.
SEHENSWERT 44 km trennen Honningsvåg vom **Nordkap-Plateau**, dem nördlichsten per Straße erreichbaren Punkt der Welt. Der Blick von der 307 m hohen Schieferklippe ist ebenso Pflichtübung wie ein Blick auf das Modell der Weltkugel und auf den **Skulpturenpark Frieden auf Erden**. Einen Besuch lohnt auch die 5000 m² große **Nordkaphalle** über und unter der Erde, wo eine Multivisionsschau einlädt.

MÅLSELV Die Gemeinde gilt Wandertouristen und Lachsanglern als ›gelobtes Land‹. Mit dem **Zentrum Setermoen** und dem **Bardufoss-Flughafen** ist sie seit 70 Jahren einer der wichtigen militärischen Standorte in Nordnorwegen.
SEHENSWERT Beim **Målselvfoss** ergießt sich der Målselv auf 600 m über Dutzende von Katarakten.

ØKSFJORD Die Bergwelt rund um das Fischerdorf Øksfjord ist von großer Dramatik, ganz besonders die Gletscherkrone des Øksfjordjøkel gegenüber auf der Halbinsel Bergfjord.

SENJA Die mit 1590 km² zweitgrößte Insel Norwegens liegt am Ende der Wal-Route und ist durch eine Brücke mit der Inselhauptstadt **Finnsnes** auf dem Festland verbunden. Berggiganten ragen an der Nordküste auf. Der **Ånderdal-Nationalpark** im Südosten der Insel beeindruckt mit seinen tiefen Waldschluchten, alten Kiefern und Birkenwäldern. 1970 wurde das Gebiet zum Nationalpark erklärt, hauptsächlich wegen seines Erholungswertes.

TROMSØ Das Tor zum Eismeer ist größte und interessanteste Stadt des hohen Nordens, und außerdem Universitätsstadt. In der **Eismeer-Kathedrale** (Ishavskatedralen, 1965) ist das 140 m² große Glasmosaik (Christi Wiederkunft) beeindruckend. Im Stadtkern lohnt ein Spaziergang entlang der Skippergata und der Sjøgata, die beide zur Storgata führen, dem urbanen Stadtzentrum. Dort befindet sich die **Domkirche** (1861).
Das Polarmuseum im Zentrum informiert über die Expeditionen in den Polarregionen (Søndre Tollbugt, www.polarmuseum.no). 4 km außerhalb liegt mit dem **Tromsø-Museum** die wohl bedeutendste Ausstellung des hohen Nordens (Lars Thøringsveg 10, www.tmu.uit.no).

VARDØ Die Fischerstadt hat die meisten Sturmtage. Im Jahr 1982 entstand durch Norwegens ersten **Meerestunnel** (2800 m) eine Verbindung zum Festland.
SEHENSWERT 1738 wurde die Festung **Vardøhus** in Achteckform errichtet. Am 20. Januar wird Salut geschossen, wenn die Sonne nach der Polarnacht erstmals wieder zum Vorschein kommt.

SENJA

## DATEN UND FAKTEN

LANDSCHAFT Mit knapp 324 000 km² Fläche ist Norwegen der fünftgrößte Staat Europas. Das Landschaftsbild ist vielfältig: Waldgebiete, Täler, Hochebenen, hoch alpine Regionen und Gletschergebiete. Mit dem Galdhøpiggen (2469 m) besitzt Norwegen den höchsten Berg Skandinaviens. Das Skanden-Gebirge ist eine Wetterscheide, es teilt das Land in einen maritim geprägten Westteil und einen kontinentalen Ostteil. Westnorwegen zeichnet sich durch mächtige Fjorde aus, die bis zu 200 km ins Landesinnere reichen. GroßeTäler trennen die Gebirgsmassive und verlaufen fast alle in Nord-Süd-Richtung.
VERWALTUNG Norwegen ist eine konstitutionelle Monarchie – die oberste Autorität hat formell der König, zurzeit Harald V. –, die politische Macht liegt beim Parlament (Storting). Das Land gliedert sich in 19 Fylker, die etwa den deutschen Bundesländern entsprechen, aber andersartige Zuständigkeiten haben.
BEVÖLKERUNG Rund 80 % der 4,5 Mio. Norweger leben in Küstennähe und im Süden und Westen des Landes, mehr als 20 % im Ballungsraum um die Hauptstadt Oslo. Der Ausländeranteil liegt bei 4 %, zählt aber immer noch zu den niedrigsten in Europa. Ausländer haben es hier schwer, besonders Afrikaner und Asiaten werden nur geduldet.
WIRTSCHAFT Norwegen zählt heute zu den reichsten Ländern der Welt. Die Erwerbstätigenquote liegt in Norwegen deutlich höher als in großen Teilen Europas. Das Wachstum ist v. a. dem Erdöl und Erdgas im norwegischen Festlandsockel zu verdanken. Energieintensive Wirtschaftszweige wie Metallerzeugung und die Produktion chemischer Rohstoffe machen einen Großteil der auf Export ausgerichteten Industrien aus. Hinzu kommen Schiffsbau und Offshore-Plattformen sowie die Herstellung elektrischer und elektronischer Artikel. Eine weitere Ausfuhrbranche ist die Aquakultur.

## GESCHICHTE

9000 V. CHR. Erste Ansiedlungen nach dem Ende der Eiszeit.
1500–500 V. CHR. Die Bronze erreicht Skandinavien und verdrängt Werkzeuge aus Stein, Knochen und Holz. Helleristninger, in den Fels geritzte Bilder, entstehen.
500 V. CHR.–800 N. CHR. Die Menschen lernen die Eisenverhüttung.
750–1066 Wikingerzeit: Mit ihren Langschiffen erobern sie die Welt. Aus Handelsplätzen entstehen erste Städte. Wichtigstes Zentrum ist Haithabu bei Schleswig. Harald Hårfagre (›Schönhaar‹) gelingt es 872, Norwegen zu vereinigen. 1066 wird König Harald Hardråde (Harald der Strenge) in England von Wilhelm dem Eroberer geschlagen – Ende der Wikingerzeit.
995 Olav Tryggvason christianisiert das Land.
1030 Olav Haraldsson fällt in der Schlacht von Stiklestad. Im Nidarosdom begraben wird er als Olav der Heilige verehrt.
1130 Beginn des norwegischen Hochmittelalters. Norwegen ist ein geeintes Königreich. Im Mittelalter leben in hier ungefähr 400 000 Menschen.
1200–1400 Blütezeit des Stabkirchenbaus. Es entstehen ca. 1000 Kirchen, zur Reformationszeit gibt es 750. Heute stehen noch 25 Stabkirchen und einige in Freilichtmuseen.
1350 Die Pest kommt mit dem Schiff nach Bergen. Die Hälfte der Bevölkerung stirbt.
1397 Die Dänenkönigin Margarete vereint die nordischen Länder in der Kalmarer Union.
1450–1814 Zwischen Dänemark und Norwegen wird ein Unionsvertrag geschlossen, die Partner sollen relativ gleichberechtigt sein. 1536 ist Norwegen vollständig von Dänemark abhängig, der Reichsrat ist aufgelöst, die Kirche nicht mehr selbstständig.
1814 Dänemark tritt Norwegen an Schweden ab, 434 Jahre Union enden. Einberufung einer verfassungsgebenden Versammlung in Eidsvoll, wo am 17. Mai (Nationalfeiertag) eine Verfassung verabschiedet wird. Christian Frederik wird zum norwegischen König gewählt, dankt noch im selben Jahr ab.
1814–1905 Trotz fortdauernder Union mit Schweden behält Norwegen ein eigenes Parlament und eine gewisse Autonomie.
1905 Auflösung der Union. Norwegen wird selbstständiges Königreich.
1940 Einmarsch deutscher Truppen. Vidkun Quisling wird Ministerpräsident, König Håkon VII. bildet eine Exilregierung in London.
1945 Ende der Besetzung Norwegens. Der Norden des Landes ist zerstört.
1949 Norwegen tritt der NATO bei.
1959 Norwegen ist Gründungsmitglied der Europäischen Freihandelszone EFTA.
1969 Entdeckung großer Gas- und Ölfelder in der Nordsee.
1972 Bei der ersten Volksabstimmung über einen EG-Beitritt stimmen 53,5 % der Norweger dagegen. 1994 erneuter Volksentscheid. Diesmal mit 52,3 % Gegenstimmen.
1991 Nach dem Tod König Olavs V. wird Harald V. zum König gekrönt.
2004 Das Kronprinzenpaar Haakon und Mette-Marit, seit 2001 verheiratet, bekommt am 21. Januar eine Tochter, Ingrid Alexandra, und ...
2005 ... einen Sohn: Sverre Magnus.
2008 Stavanger ist Europäische Kulturhauptstadt.
2009 Norwegen begeht den 150. Geburtstag von Knut Hamsun landesweit mit Feierlichkeiten.
2010 Zur WM-Generalprobe im März 2010 wird die neue Holmenkollenschanze, ein Wahrzeichen Oslos, fertiggestellt.

# REGISTER



**Fette** Ziffern verweisen auf Abbildungen

DER KABELJAU ist wohl ins Netz gegangen: Nicht nur in Norwegen erfreut sich das Eisangeln großer Beliebtheit, sondern auch in Finnland, Schweden, Russland und Kanada. Das wichtigste Werkzeug für diesen Volkssport ist der Eisbohrer.

# IMPRESSUM

KONZEPT, GESTALTUNG, BILDREDAKTION
Grubbe Media GmbH I agenten.und.freunde, München

ART DIRECTION
Iris Streck, München

TEXTE
Dr. Christian Nowak, Michael Möbius

PREPRESS
PPP, Pre Print Partner GmbH & Co KG, Köln

EXKLUSIVFOTOGRAFIE
Dr. Christian Nowak / DuMont Bildarchiv

WEITERES BILDMATERIAL
**Fotolia** / BregKauz: S. 96; katja_w: S. 68 u. r.; Nolius: S. 4 l., 52; Seemann: S. 68 u. Mitte
**Getty Images** / Rakke: S. 159
**Huber** / Gräfenhein: S. 58
**Innovation Norway** / Fure: S. 114 u. r., 123 o. r.
**laif** / Arcticphoto: S. 143 o. Mitte und u. Mitte; Babovic: S. 134; Delance / Le Figaro Magazine: S. 97; Galli: S. 48 u., 49, 54, 55, 123 o. Mitte; Plambeck: S. 42; Rabouan / hemis.fr: S. 32/33; Rieger / hemis.fr: S. 8/9, 24/25, 28
**Look** / age footstock: S. 10/11, 143 o. r.; van Dierendonck: S. 120
**Mauritius** / Bahr: S. 94; Cubolmages: S. 5 u. l., 18/19, 26, 66, 67; Diversion: S. 70/71; Fuste Raga: S. 60; Handl: S. 31, 35, 53 u.; Harding: S. 132/133; imagebroker / Zwerger-Schoner: S. 20, 64/65; Lippert: S. 68 o.; Løken: S. 12/13, 36/37, 124/125, 135, 136, 156; Nordic Photos: S. 53 o., 131; Römmelt: S. 16/17; SuperStock: S. 100
**Nowak**: S. 5 o. r., 5 u. r., 6, 14/15, 23, 38, 39, 45, 46/47, 56/57, 63, 72/73, 74 o., 74 u. l. und u. Mitte, 75, 79 o. Mitte und u. l., 84, 85, 86, 89 o. und u., 98/99, 112/113, 115, 116/117, 118/119, 123 o. l. und u. r., 126, 138/139, 141, 143 u. l.
**picture alliance** / Røe: S. 4 r., 104/105, 106, 108, 109, 111, 114 o., u. l. und u. Mitte, 123 u. Mitte, 128, 129, 137, 140, 143 o. l. und u. r.
**Schapowalow** / Huber: S. 50/51
**StockFood** / Feiler Fotodesign: S. 121
**Visum** / Rezac: 123 u. l.

TITELBILD I SCHUTZUMSCHLAG
Vorderseite: Berggipfel bei Spitzbergen bei Sonnenaufgang, **Corbis** / Souders
Rückseite: Haukelandsvatnet östlich von Bergen, Nowak

1. Auflage 2011

www.dumontreise.de

Printed in Germany

ISBN 978-3-7701-8905-2